レジンで作る わたしだけの アクセサリー

MY RESIN STYLE

デザイン・制作　kincot　森みさ

contents

PART 1
基本のレジンアクセサリー

			作り方
01	カラフルパーツと花のリング	6	50
02	花とリボンのブローチ	8	51
03	フレームペンダント	9	52
04	ドライフラワーのバングル	10	53
05	錠前風バッグチャーム	11	54
06	きらきらピアス	12	56
07	ドライフラワーのメモスタンド	14	57
08	ソレイアード布のペーパーウエイト	15	58

PART 2
コーティングレジンアクセサリー

			作り方
09	コラージュネックレス	16	59
10	マスキングテープヘアゴム	18	60
11	コラージュブックマーカー	19	61
12	貼るだけクリップ	20	62
13	折り紙ストラップ	22	63
14	パステルスマホケース	23	64
15	リボン型バッジ	24	66
16	シールのリング	26	67
17	ドライフラワーのコサージュ	28	68

PART 3
カラーリングレジンアクセサリー

			作り方
18	ワイヤーバッグチャーム	30	69
19	○△□キーホルダー	31	70
20	いろいろマグネット	32	71
21	スパンコールネックレス	33	72
22	おぼろげブレスレット	34	73
23	フリンジピアス	35	74
24	いろいろボタン	36	75
25	シルバーとゴールドのヘアピン	37	76
26	刺繍糸のリング	38	77

道具と材料の基本的な使い方

基本的な道具と材料 …………………………… 40
揃えておきたい道具と材料 …………………… 41
UVクラフトレジンの基本的な使い方 ………… 42
スーパーアイスレジンの基本的な使い方 …… 43
UVソフトレジンの基本的な使い方 …………… 44
覚えておきたいテクニック …………………… 45
いろいろな着色の方法 ………………………… 46
着色見本 ………………………………………… 48

アイディア次第で世界が広がる

　レジンとは、好きなパーツを閉じ込めたり、コラージュペーパーに直接塗るだけで、手軽にアクセサリーや小物を作ることができる魔法の液体。

　本書ではスーパーアイスレジンとUVクラフトレジン、UVソフトレジンの3種類のレジンを使用してアクセサリーと小物を作っています。

　スーパーアイスレジンは主液と硬化剤を混ぜ合わせてできる透明感が魅力。UVクラフトレジンはUV照射器に入れるだけで、すぐに硬化する優れもの。UVソフトレジンは硬化させても柔らかさが残る、自由度の高いレジン。

　それぞれの基本的な使い方さえ覚えてしまえば、アレンジの幅は無限大。あなたのアイディア次第で、あなただけの作品を作ることができます。それでは、レジンの世界を楽しんで下さい。

PART 1
基本のレジンアクセサリー

かわいらしい形のミール皿と
さまざまな形があるシリコン型。
それらとレジンを組み合わせれば
きれいに仕上がります。

01

カラフルパーツと花のリング

カラフルなアクリルパーツや
フラワーパーツ、パールを閉じ込めるだけ。
パーツの置き方次第でいろいろな変化を楽しめます。

how to make → P.50

02

花とリボンの
ブローチ

ワイヤーを丸めて作ったフラワーパーツと
パールを散りばめたリボンが目を引くブローチ。

how to make → **P.51**

03

**フレーム
ペンダント**

丸と四角のフレームに
カラフルなパーツをたっぷり閉じ込めた、
遊び心いっぱいのペンダント。

how to make → P.52

04
ドライフラワーのバングル

凛としたドライフラワーの佇まいが
大人っぽい雰囲気。
細身のバングルと合わせてスタイリッシュに。

how to make → **P.53**

05

錠前風
バッグチャーム

英字ペーパーとドライフラワーの
クラシカルなバッグチャーム。
アンティーク調のキーがアクセント。

how to make → P.54

06

きらきらピアス

閉じ込めて使うパーツを外側にあしらうことで
普段とはちょっと違うアクセサリーに。
光に反射して、いろいろな表情が楽しめます。

how to make → P.56

07

ドライフラワーの
メモスタンド

スクエア型のシリコンにドライフラワーを閉じ込めた
ちょっと甘めなメモスタンド。
ほんのり色味を加えて、柔らかい雰囲気を演出。

how to make → **P.57**

PART 2
コーティング レジンアクセサリー

マスキングテープや
コラージュペーパー、
折り紙などの身近にあるアイテムも
アレンジ次第で
レジンアクセサリーに大変身。

09
コラージュ
ネックレス

コラージュペーパーにレジンを塗って、
つなげるだけのネックレス。
シンプルなファッションに映えるアクセサリーです。

how to make → P.59

10

マスキングテープ
ヘアゴム

ポップなデザインとぽってりとしたフォルムが愛らしい、
マスキングテープで作るヘアゴム。

how to make → P.60

11
コラージュ
ブックマーカー

英字のペーパーを使えばたちまちアンティーク調に。
こんなに洒落たブックマーカーなら読書も進みそう。

how to make → P.61

12
貼るだけクリップ

柄付きのペーパーや折り紙をクリップにはるだけで
オリジナル文具の完成。

how to make → **P.62**

13
折り紙ストラップ

色とりどりの折り紙で作るストラップ。
UVソフトレジンだから、柔らかい感触も楽しめます。

how to make → P.63

14
パステル スマホケース

パステルカラーの素材を
メインにあしらったスマホケース。
パーツを好きに組み合わせて
あなただけのオリジナルを作ってみて。

how to make → P.64

15

リボン型バッジ

カラフルな折り紙とシックな折り紙が
リボン型バッジに。
さりげなくお洒落をしたい日に
シャツや帽子に合わせてみて。

how to make → P.66

16
シールのリング

テープ状のシールにUVソフトレジンを塗るだけで、
小さくてキュートな指輪ができあがります。

how to make → **P.67**

17

ドライフラワーの
コサージュ

おおぶりのドライフラワーに
レジンを直接塗って硬化させるだけ。
シンプルなファッションにさらりと身につければ華やかさアップ。

how to make → P.68

PART 3
カラーリング
レジンアクセサリー

顔料や染料などの着色剤を使えば、
心がはずむカラーリング
レジンアクセサリーのできあがり。
ラメや蛍光など種類も豊富なので、
たくさん作って楽しんで。

18

ワイヤー
バッグチャーム

鞄につけるだけで
お出かけがいつもより楽しくなりそうな、
茶目っ気たっぷりのバッグチャーム。

how to make → P.69

19

○△□
キーホルダー

ワイヤーで作った形が
キュートなキーホルダー。
ビビッドなカラーリングが目を引きます。

how to make → P.70

20

いろいろマグネット

見ているだけで心が踊りそうになるマグネット。
たくさん作って、お部屋に飾ってみるのも◎

how to make → P.71

21
スパンコール
ネックレス

薄めのカラーにさまざまな形の
スパンコールを閉じ込めて。
2重につければ、ボリューム感もたっぷり。

how to make → P.72

22

おぼろげ
ブレスレット

ぼんやりとしたカラーリングが特徴的なブレスレット。
気分にあわせて色の組合せを変えて楽しんで。

how to make → P.73

23
フリンジピアス

カラフルな刺繍糸からひょっこりのぞくレジン。
フリンジが動くたびに違った表情を作ります。

how to make → **P.74**

24

いろいろボタン

洋服にアクセサリーにと活用の幅が広いボタン。
好きな色で作ったボタンを身につければ心も浮き立ちます。

how to make → P.75

25

シルバーとゴールドの
ヘアピン

まるで宝石箱から出てきたようなヘアピン。
ほんの少し着色剤を加えるだけで、雰囲気の変化を楽しめます。

how to make → P.76

26
刺繡糸のリング

ほんのり色みを加えたレジンに色とりどりの刺繍糸をあしらえば、
あなただけのオリジナルリングのできあがり。

how to make → **P.77**

How to Use
道具と材料の
基本的な使い方

基本をおさえてしまえば
かんたんにつくることができる
レジンアクセサリー。
しっかりマスターしよう。

基本的な道具と材料

ここではレジンで作品を作る際に必要な道具や材料を紹介。どれもクラフトショップなどで手に入りやすいものですが、代用になるものがあれば、そちらを使用しても構いません。

スーパーアイスレジン
主液と硬化液を混ぜて使う、2液性のレジン。量が正確でないと硬化しないので注意。

UVクラフトレジン
専用のUV照射器を使えば、すぐに固まる1液性のレジン。レジン初心者におすすめ。

UVソフトレジン
硬化後にやわらかさが残るのが特徴のレジン。折り紙やマスキングテープに塗るだけでアクセサリーを作ることができる。

デジタルスケール
主液と硬化液を量るのに使用。より正確に量るためにはデジタル式がおすすめ。

UV照射器
UVクラフトレジンを硬化させるための道具。トレー部分を引き出して使える。

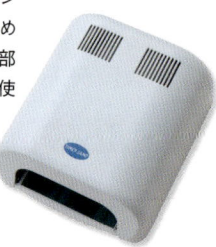

カップ
主液と硬化液を混ぜるときに使う。着色などもするので、カップは複数用意しておくと便利。

マドラー
スーパーアイスレジンを混ぜるときに使う。複数の着色レジンを作るときは予備に数本あったほうがよい。

やっとこ
丸カンや三角カンを広げてパーツにつなげたり、ワイヤーやピンを曲げるときに使用する。

ピンバイス
丸カンやヒートンをつなげるための穴を硬化したレジンに開けるための道具。

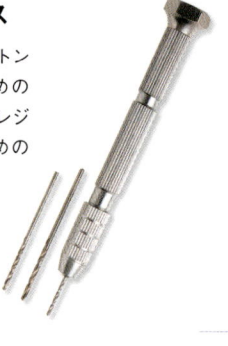

竹串、つまようじ
レジンにできた気泡をつぶすために使う。少量のレジンにカラー剤を混ぜるときにも使用できる。

ピンセット
小さなチャームや薄いペーパーをレジンに配置するときに使う。

マスキングテープ
メタルフレームなど、底のないパーツにレジンを流し込むときに使用する。

揃えておきたい道具と材料

カラー剤やコラージュペーパーなど、作品の表現を広げるのに不可欠な材料たち。
作りたいイメージにあった材料、パーツを選びましょう。

シリコンモールド
レジンを流し入れ、型を取るためのアイテム。様々な形のパーツを作ることができる。

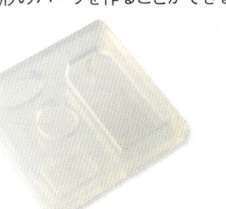

ミール皿、フレーム
レジンを流し入れたり、パーツを配置したりするときに使うアイテム。

染料、顔料
レジンに色をつけたいときに使う。量によって仕上がりが変化する。複数の着色剤を混ぜ合わせることも可能。

メタルチャーム
レジンの中に直接配置したり、アクセサリーとしてチェーン部分に飾ることができる。

丸カン、三角、ピンなど
レジンに穴を開けてつないだり、パーツ通しをつないだりするときに必要なアイテム。

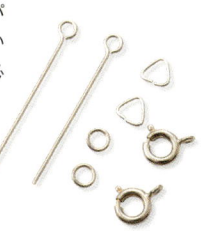

コラージュフィルム
レジンの中に閉じ込めて使う。シリコンモールドや型の大きさに合わせて切って使う。

UVクラフトレジンの基本的な使い方

短時間でレジンアクセサリーを作ることができるUVクラフトレジン。
UV照射器で3〜5分、太陽光でも30分で硬化する、初心者にオススメのアイテムです。

1 お好みのフレームパーツを紙に当て、枠の内側をペンでなぞり、はさみで切る。

2 切った紙をお好みのコラージュフィルム、ペーパーに合わせて切る。

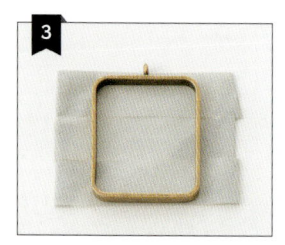

3 クリアファイルの上にマスキングテープを貼り、フレームパーツを置く。

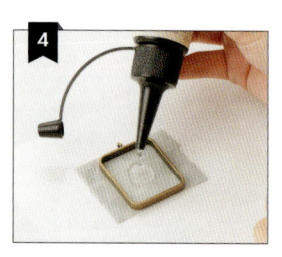

4 レジンをフレームに全面に広がるぐらい直接流し入れる。
※レジンに入れるパーツによって流し入れるレジンの量を調節する。

5 つまようじや竹串などを使って気泡を取る。

6 フレームの大きさに合わせて切ったコラージュフィルム、ペーパーをレジンの上に置く。

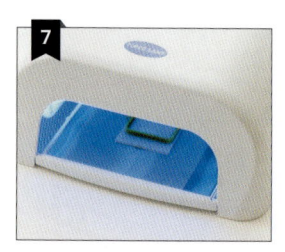

7 UV照射器に3〜5分入れ、レジンを硬化させる。

8 完全に硬化したのを確認したら、再度レジンを全面に広がるぐらい流し入れる。

9 お好みでドライフラワーやチャームなどを配置する。

10 ドライフラワーやチャームが動かないように、レジンを流し入れ、UV照射器で硬化させる。

11 完全に硬化したのを確認したら、裏面にもレジンを流しこみ、UV照射器で硬化させる。

完成

スーパーアイスレジンの基本的な使い方

主液と硬化剤を混ぜて硬化するスーパーアイスレジン。
硬化するまでに時間はかかりますが、仕上がりの透明度は抜群です。

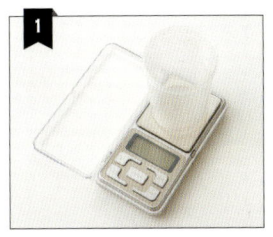

1 レジンを入れるカップとデジタルスケールを用意する。

2 主液をカップに入れる。

3 主液2：硬化液1になるように、硬化剤を加える。

4 マドラーでしっかり混ぜる。よく混ざるまでの時間の目安は約1～2分。マドラーは一定方向に動かすとよい。

5 マドラーについたレジンはカップの縁でこまめに落とす。

6 シリコンモールドなどにレジンを1/3量ほど流し入れる。
※レジンに入れるパーツによって流し入れるレジンの量を調節する。

7 つまようじや竹串を使って気泡を取る。

8 お好みでドライフラワーやチャームを配置し、24時間以上硬化させる。

9 完全に硬化したら、レジンをシリコンモールドの縁まで流し込み、硬化させる。完全に固まったら、シリコンモールドからゆっくり外す。

完成

POINT

ドライフラワーは花びらをつまむと形が崩れるので、茎の部分をつまむ。

UVソフトレジンの基本的な使い方

硬化後も曲げたり、ねじったりすることができるUVソフトレジン。
マスキングテープや折り紙、布地など身近なアイテムで簡単にアクセサリーを作ることができます。

1 お好みのサイズに切った折り紙にレジンを塗る。

2 つまようじでレジンを薄く広げる。

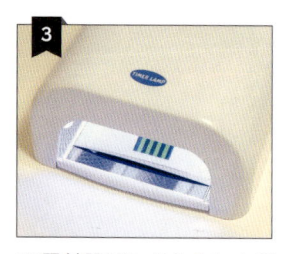

3 UV照射器に3〜5分入れ、レジンを硬化させる。

4 裏側にもレジンを薄く塗り広げ、硬化させる。

5 硬化した折り紙を真ん中で谷折りにする。

6 2等分になった折り紙を、それぞれ真ん中で山折りにする。

7 折り紙の中心を軽く押しつぶす。

8 造花ピンをそわせながら、折り紙本体と造花ピンを巻きつけるように刺繍糸で固定する。

9 刺繍糸を固結びにして、余った部分はハサミなどでカットする。

完成

覚えておきたいテクニック

ここではレジンアクセサリーを作る際によく使うテクニックを紹介。
これらのテクニックを覚えれば、レジンの世界がより広がります。

パーツにヒートンをつける

1 ヒートンと同じ太さのピンバイスを用意する。

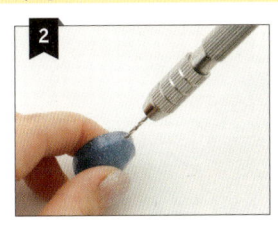

2 パーツにピンバイスを使って穴を開ける。

3 ヒートンが抜けないようにレジンをつける。

4 穴にヒートンを差し込み、硬化させる。

丸カンの開け方

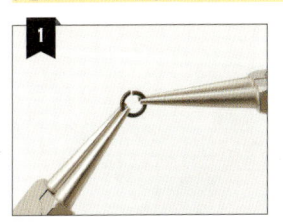

1 やっとこで丸カンを挟む。

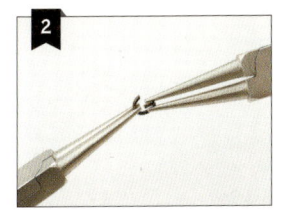

2 やっとこで右を手前、左を奥に回転させ、丸カンのつなぎ目を開く。

3 つなぎたいパーツに丸カンを通す。

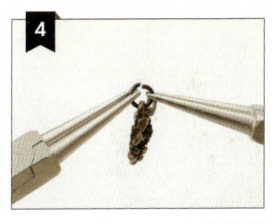

4 やっとこで丸カンのつなぎ目を閉じる。

三角カンの開き方

1 やっとこで三角カンを挟む。

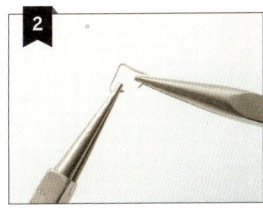

2 やっとこで三角カンを左右に開く。

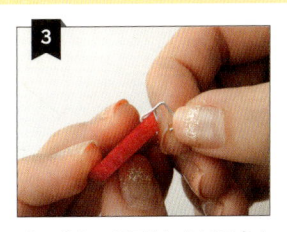

3 ピンバイスで空けた穴に三角カンの片方を通す。

4 やっとこで三角カンを挟んで閉じる。

いろいろな着色の方法

着色の方法によって作品の見え方が変わるのもレジンの魅力のひとつ。
ここでは基本的な着色から応用まで、いろいろな方法を紹介します。

顔料で着色する
使用レジン：スーパーアイスレジン　使用カラー剤：カラーリングパウダー（ガーネット／E・RS-15）

1. 硬化液に付属のミニスプーン（つまようじでも可）で必要な量を加える（少量ずつ入れてお好みの色に調整する）。 
2. マドラーでしっかり混ぜる。 
3. 着色したレジンをシリコンモールドや型に流し込み、硬化させる。

完成

染料で着色する
使用レジン：UVクラフトレジン　使用カラー剤：クリアカラー（ブルー／E・RS-62　アクア／E・RS-62）

1. 紙パックに入れたレジンに染料を加える。 
2. つまようじで粉っぽさや色ムラがなくなるまでしっかり混ぜる。 
3. レジンをシリコンモールドに流し込み、UV照射器で硬化させる。

完成

2色で作る
使用レジン：UVクラフトレジン使用カラー剤：カラーリングパウダー（イエロー／E・RS-37）とカラーリングパウダー（ネーブルオレンジ／E・RS-39）

1. 紙パックに入れたレジンに、それぞれカラーリングパウダーを加える。 
2. つまようじで粉っぽさや色ムラがなくなるまでしっかり混ぜる。 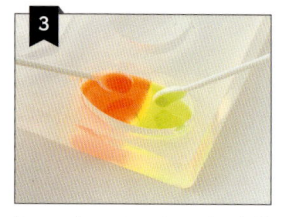
3. ミニスプーンやマドラーを2本使い、左右から着色したレジンを流し入れ、硬化させる。

完成

まだら模様を作る

使用レジン：スーパーアイスレジン　　使用カラー剤：カラーリングパウダー（レッド／E・RS-14）

1 紙パックに入れたレジンにカラーリングパウダーを加えて、混ぜる。

2 着色したレジンをつまようじに少量つける。

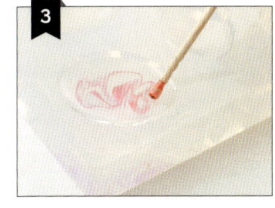

3 シリコンモールドに流し入れた着色していないレジンに、つまようじで模様を作る。

完成

ドット柄を作る

使用レジン：UVクラフトレジン　　使用カラー剤：カラーリングパウダー（ディープピンク／E・RS-35）

1 紙パックに入れたレジンにカラーリングパウダーを加えて混ぜる。

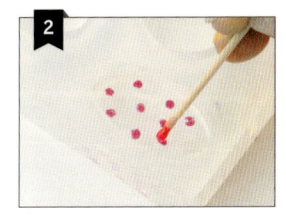

2 シリコンモールドに入れた着色していないレジンに、つまようじでドットを描く。

完成

透明色を作る

使用レジン：スーパーアイスレジン　　使用カラー剤：クリアカラー（イエロー／E・RS-60）

1 つまようじに少量のカラーリングパウダーをつけ、カップに入れたレジンに加える。

2 マドラーでしっかり混ぜる。

3 シリコンモールドに流し入れ、硬化させる。

完成

着色見本

使用するレジンや顔料・染料の多さなどのちょっとした違いで仕上がりが異なります。
色々な方法を試して、より自分好みの色に近づけましょう。

顔料　カラーリングパウダー（ブラウン／E・RS-28）

UVクラフトレジン

付属のスプーン1杯 　　付属のスプーン3杯

スーパーアイスレジン
※混合液3gの場合

付属のスプーン1杯 　　付属のスプーン3杯

染料　クリアカラー（ブルー／E・RS-63）

UVクラフトレジン

付属のスティック1杯 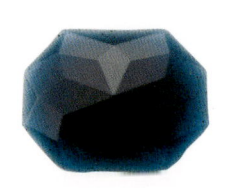　　付属のスティック3杯

スーパーアイスレジン
※混合液3gの場合

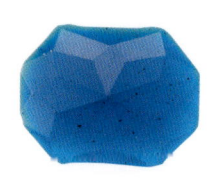

付属のスティック1杯 　　付属のスティック3杯

2色使い　カラーリングパウダー（ホワイト／E・RS-32）とカラーリングパウダー（ピンク／E・RS-34）

UVクラフトレジン

付属のスプーン1杯 　　付属のスプーン3杯

スーパーアイスレジン
※混合液3gの場合

付属のスプーン1杯 　　付属のスプーン3杯

How to Make
レジンアクセサリーの作り方

パールやリボン、お花など
かわいい素材を組み合わせて
世界でひとつだけの
アクセサリーをたのしんで。

材料の見方
【例】
樹脂用リング（28mm・ゴールド／A・T22251）……1個
　　　　　　　名称　　大きさ　色　　　品番　　　必要な個数
　　　　　　　　　　　　　　　　　※材料提供企業

材料提供企業の表記に関して
A ＝ ABCクラフト
E ＝ エルベール株式会社
K ＝ 清原株式会社
S ＝ シュゲール（藤久株式会社）

お問い合わせ先は
P.79をご覧下さい。

※なお、材料提供企業の表記がないものは作家私物となります。ご了承下さい。
※本書で使用しているスーパーアイスレジンはエルベール株式会社の製品、UVクラフトレジン、UVソフトレジンは清原株式会社と株式会社アンジュの製品です。

! Attention
・レジン液、シリコン、染料は布につくと落とせません。作業服を用意して、作業台にはビニールなどを敷いて保護しましょう。
・レジン液は肌に触れると、体質によっては荒れ、かぶれが生じます。あらかじめゴム手袋などを着用して作業するのがおすすめです。
・レジン液やシリコンは臭気がするので、室内の換気を行いましょう。
・完成したレジンは、紫外線や空気中の成分により変色する可能性があります。
・レジンに閉じ込めたパーツによっては中から傷むものもあります。
・作品によっては食べ物に見えるものもあります。小さなお子様の手に届かない場所に保管しましょう。

01
カラフルパーツと花のリング

P.6,7

材料

A・B共通
UVクラフトレジン

A
アクリルパーツ …… しずく型・大2個
　　　　　　　　　しずく型・中1個
　　　　　　　　　丸型・6mm1個
　　　　　　　　　丸型・5mm1個
樹脂用リング（28mm・ゴールド／A・T22251）…… 1個

B
レースフラワー（ピンク／E・RS-117）…… 1個
プチフラワー（イエロー／E・RS-114）…… 1個
パール（2mm・白）…… 29個
樹脂用リング（28mm・シルバー／A・T22251）…… 1個

作り方　A・B共通（→P.42）

1　樹脂用リングにレジンを流し入れる。
2　パーツを配置し、硬化させる。
3　レジンを流し込み、硬化させる。

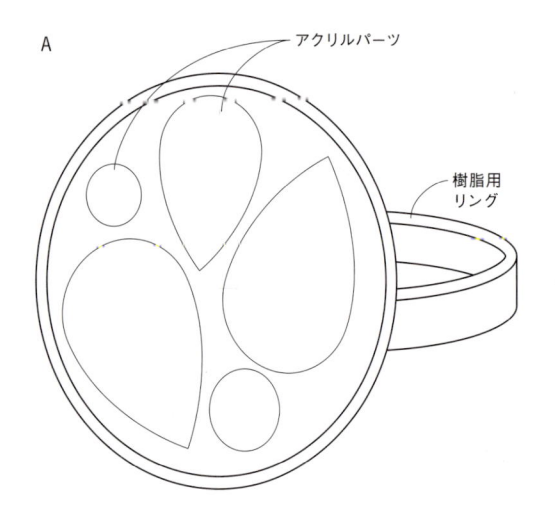

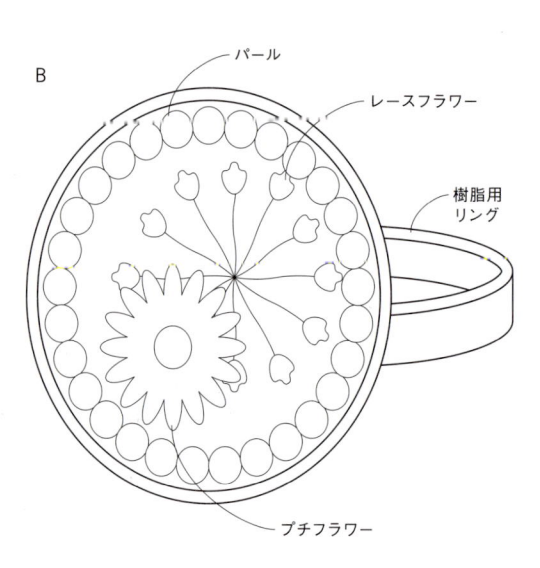

A　アクリルパーツ／樹脂用リング

B　パール／レースフラワー／樹脂用リング／プチフラワー

02
花とリボンのブローチ

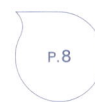

P.8

◊ 材料 ◊

スーパーアイスレジン
シリコンモールド（E・RSSA-11）
アメリカンフラワーパーツ …… 適量
パールビーズ（2mm・白）…… 適量
シャワー金具ブローチ（20mm・シルバー）…… 1個

◊ 作り方 ◊ (→P.43)

1 主液と硬化液を混ぜ、レジンを作る。
2 シリコンモールドに**1**を半分ほど流し入れ、硬化させる。
3 完全に固まったらパールをセットし、上からレジンを流し入れ、硬化させる。
4 シャワー金具ブローチにアメリカンフラワーパーツをセットする。
5 完成したリボンパーツは、接着剤でシャワー金具ブローチにつける。

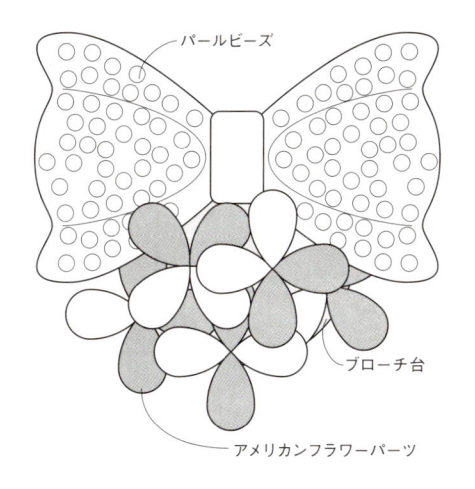

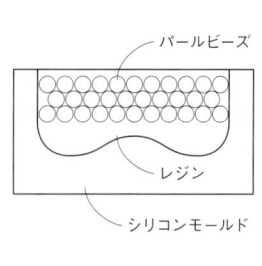

パールビーズ
ブローチ台
アメリカンフラワーパーツ

パールビーズ
レジン
シリコンモールド

03
フレームペンダント

P.9

材料
A・B共通
UVクラフトレジン
チェーン(シルバー) …… 各50cm
デザイン丸カンツイスト(6mm・シルバー) …… 各1個
Cカン(0.5×2×3mm) …… 各2個
引輪(6mm・シルバー／S・0105020) …… 各1個
アジャスター(60mm・シルバー／S・105049) …… 各1個

A
アンティークパーツ(3.7mm・シルバー／E・RSP-75PS) …… 1個
スパンコール(鳥) …… 1個
スパンコール(星) …… 1個
ミックスビーズ …… 適量

B
アンティークパーツ
(3.2mm・シルバー／E・RSP-74SP) …… 1個
柄つき折り紙 …… 1枚
スパンコール …… 3個
刺繍モチーフ …… 1枚

作り方 A (→P.42)
1 アンティークパーツにレジンを薄く流し入れる。
2 ミックスビーズをお好みで配置する。
3 レジンを薄く流し入れ、硬化させる。
4 スパンコール鳥、星を配置する。
5 再度レジンを流し入れ、硬化させる。

作り方 B (→P.42)
1 アンティークパーツにレジンを薄く流し入れる。
2 アンティークパーツの大きさに合わせて切った柄付き折り紙を配置する。
3 スパンコール、刺繍モチーフを配置する。
4 レジンを流し入れ、硬化させる。

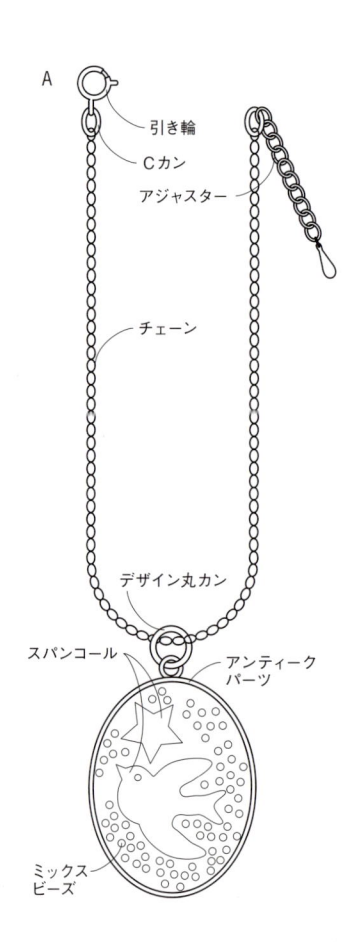

04
ドライフラワーのバングル

P.10

材料

A・B共通
スーパーアイスレジン
シリコンモールド（E・RSSA-2）…… 各1個
ブレスレット（A・T22247）…… 各1個
カラーリングパウダー（蛍光タイプ・ホワイト／E・RS-32）

A
ドライフラワー（バラ）…… 1個
ドライフラワー（バーベナ）…… 1個
ドライフラワー（レースフラワー）…… 2個

B
ドライフラワー（ボロニア）…… 1個
ドライフラワー（かすみ草）…… 1個
ドライフラワー（ゴールデンクラッカー）…… 1個
クリアカラー（イエロー／E・RS-60）

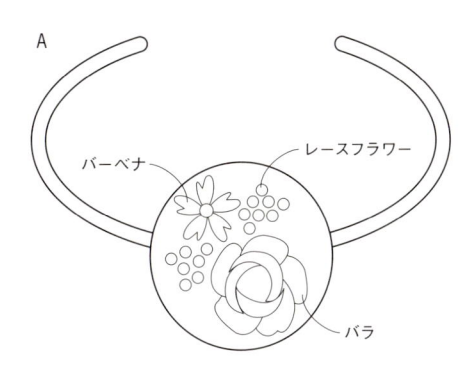

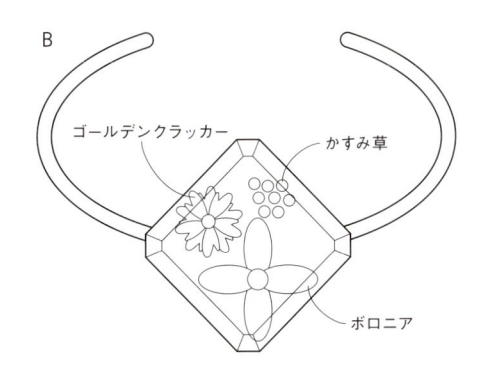

作り方 A （→P.43）

1 主液と硬化液を混ぜ、レジンを作る。
2 シリコンモールドに2/3ほど流し入れる。
3 2にドライフラワーを下向きに配置し、硬化させる。
4 レジンにカラーリングパウダー（ホワイト）を加えて混ぜ、シリコンモールドの上まで流しこみ、硬化させる。
5 ブレスレットの土台にレジンを流し入れ、硬化させる。
6 硬化した4をブレスレットの土台に瞬間接着剤などで貼りつける。

作り方 B （→P.43）

1 カップにクリアカラーを入れる。
2 1に硬化液を微量ずつ加え、混ぜて溶かしていく。
3 2に主液を加え、混ぜる。
4 シリコンモールドに2/3ほど流し入れる。
5 4にドライフラワーを下向きに配置し、硬化させる。
6 レジンにカラーリングパウダー（ホワイト）を加えて混ぜ、シリコンモールドの上まで流しこみ、硬化させる。
7 ブレスレットの土台にレジンを流し入れ、硬化させる。
8 硬化した7をブレスレットの土台に瞬間接着剤などで貼りつける。

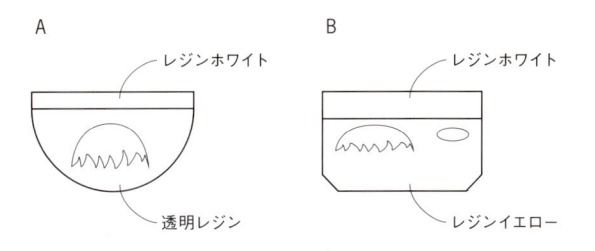

A
バーベナ
レースフラワー
バラ

B
ゴールデンクラッカー
かすみ草
ボロニア

A
レジンホワイト
透明レジン

B
レジンホワイト
レジンイエロー

05
錠前風バッグチャーム

P.11

♪ 材料 ♪
A・B共通
スーパーアイスレジン
アーティスティックワイヤーシャンパンG(直径2mm／S・408027) …… 各1本
ビーズブレスチェーン(全長20cm・ゴールド／S・128702) …… 各1本
英字ペーパー …… 各1枚
チャームキー(アンティークゴールド／K・RCH-25G) …… 各1個

A
シリコンモールド(E・RSSA-5)
ドライフラワー(ビオラ) …… 1個
ドライフラワー(バラの花びら) …… 1個
ドライフラワー(アリッサム) …… 1個

B
シリコンモールド(E・RSSA-6)
ドライフラワー(バラ) …… 1個
ドライフラワー(アリッサム) …… 1個
ドライフラワー(バーベナ) …… 1個

♪ 作り方 ♪ **A・B共通**(→P.43)
1 主液と硬化液を混ぜ、レジンを作る。
2 レジンをシリコンモールドに2/3ほど流し入れ、ドライフラワーを下向きに配置し、硬化させる。
3 シリコンモールドいっぱいまでレジンを流し入れ、英字ペーパーを配置し、硬化させる。
4 図を参考にしてワイヤー、チェーン、チャームキーをつける。

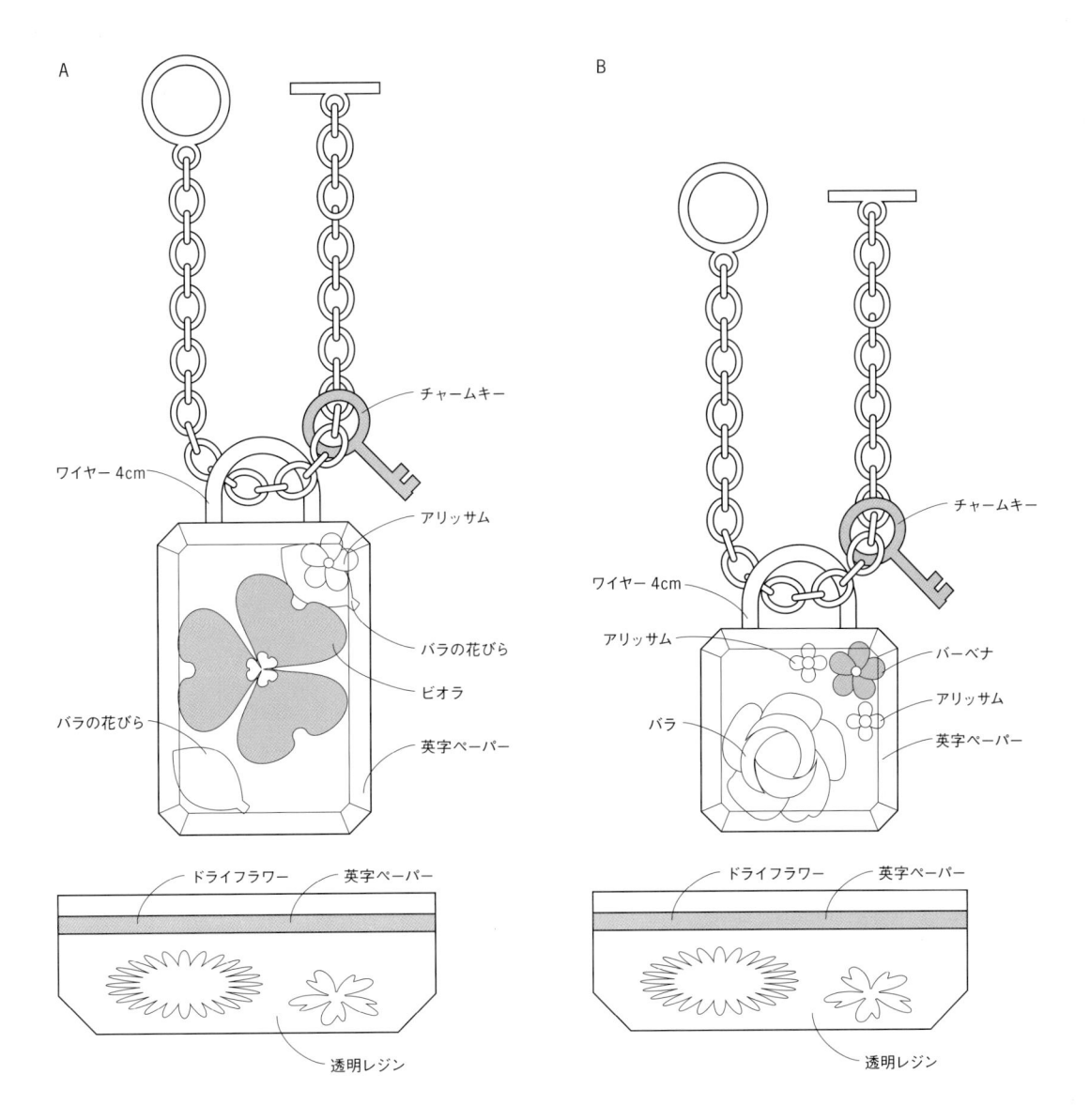

A

ワイヤー 4cm

チャームキー

アリッサム

バラの花びら

ビオラ

バラの花びら

英字ペーパー

ドライフラワー　英字ペーパー

透明レジン

B

ワイヤー 4cm

アリッサム

バラ

チャームキー

バーベナ

アリッサム

英字ペーパー

ドライフラワー　英字ペーパー

透明レジン

06
きらきらピアス

P.12,13

材料

A・B・C共通
UVクラフトレジン
三角カン（1.2×10×10mm・シルバー）…… 各2個
U字ピアス（シルバー）…… 各1セット
丸カン（0.7×4mm・シルバー／S・105063）…… 各2個

A
ミックスビーズ …… 適量
シリコンモールド（E・RSSA-6）

B
ガラス …… 適量
シリコンモールド（E・RSSA-4）

C
カラーマイカ（茶）…… 適量
シリコンモールド（E・RSSA-2）

作り方 A・B・C共通（→P.42）

1 シリコンモールドにレジンを厚さ5mm程度流し入れ、硬化させる。
2 シリコンモールドから型を取り出し、表面につまようじなどでレジン液を塗る。
3 2にAはミックスビーズ、Bはガラス、Cはカラーマイカを配置し、硬化させる。
4 さらに上からレジンを塗り、硬化させる。
5 4にピンバイスで穴を開け、三角カンをつける（→P.45）。
6 図を参考にして丸カン、ピアス金具をつける。
　※レジンの厚みによっては、三角カンの接続部分を切って調整する。

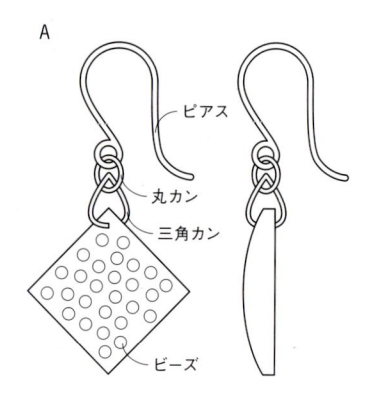

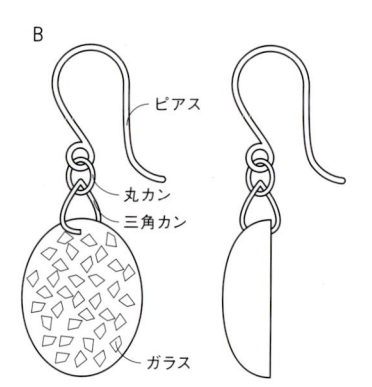

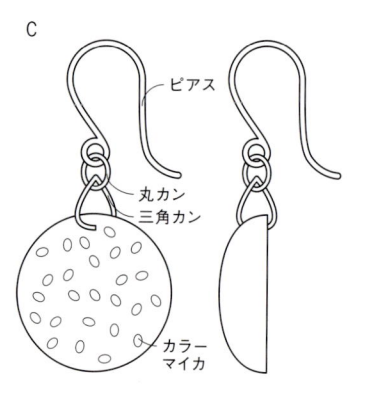

A
ピアス
丸カン
三角カン
ビーズ

B
ピアス
丸カン
三角カン
ガラス

C
ピアス
丸カン
三角カン
カラーマイカ

07
ドライフラワーのメモスタンド

P.14

材料

A・B共通
スーパーアイスレジン
アーティスティックワイヤー（シャンパンG／S・408027）……各10cm

A
シリコンモールド（E・RSSA-5）
クリアカラー（イエロー／E・RS-60）
ドライフラワー（キク）……1個
ドライフラワー（バーベナ）……3個
ドライフラワー（アリッサム）……2個

B
シリコンモールド（E・RSSA-6）
ブルースター……1個
バーベナ……1個
レースフラワー……2個
英字ペーパー……1枚

作り方 A （→P.43,47）

1. 主液と硬化液を混ぜ、レジンを作る。
2. 1にクリアカラー（イエロー）を加えて混ぜ、シリコンモールドに2/3ほど流し入れる。
3. 2にドライフラワーを下向きに配置し、硬化させる。
4. シリコンモールドいっぱいまで、クリアカラー（イエロー）で着色したレジンを流し入れ、硬化させる。
5. ワイヤーの先はメモを挟めるように棒状のものに巻きつけて形を作る。
6. 図を参考にしてワイヤーをつける。

作り方 B （→P.43）

1. 主液と硬化液を混ぜ、レジンを作る。
2. シリコンモールドに2/3ほど流し入れ、英字ペーパーを配置する。
3. 2にドライフラワーを下向きに配置し、硬化させる。
4. シリコンモールドいっぱいまでレジンを流し入れ、硬化させる。
5. ワイヤーの先はメモを挟めるように棒状のもので巻きつけて形を作る。
6. 図を参考にしてワイヤーをつける。

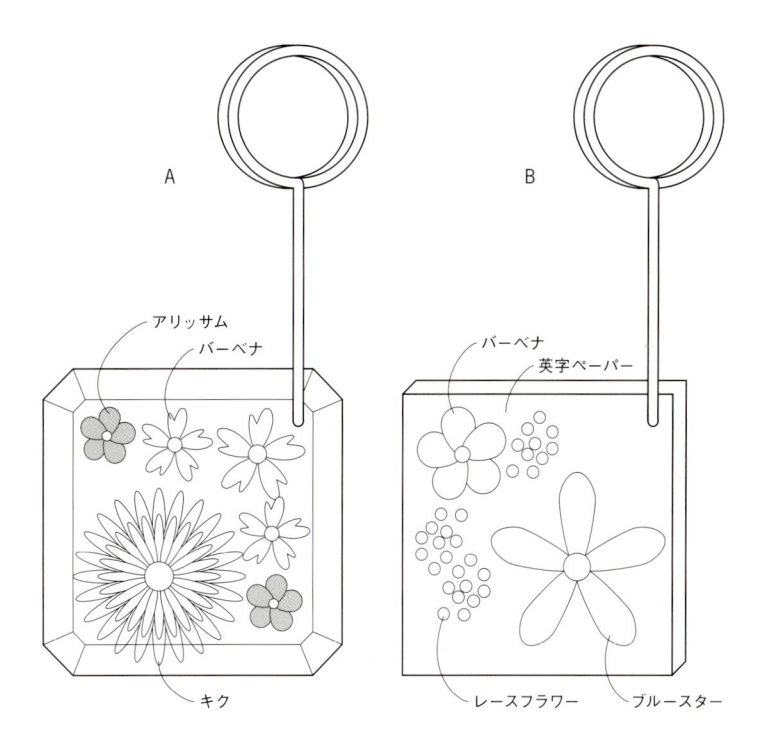

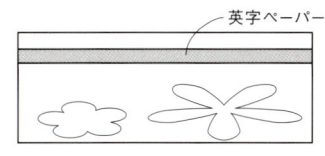

08
ソレイアード布のペーパーウエイト

P.15

材料
A・B共通
UVクラフトレジン
ソレイアード布 …… 各1枚

A
フレーム(E・RSP-81 PG) …… 1個
チャーム(ハサミ／E・RSP-23) …… 1枚
デザインフィルム …… 1枚
サテンリボン(25cm) …… 1本

B
フレーム(E・RSP-78 PG) …… 1個
チャーム(カラー／K・RCH-53G) …… 1個
サテンリボン(7cm・5cm) …… 1本

作り方 A・B共通 (→P.42)
1 フレームにレジンを1/3ほど流し入れ、硬化させる。
2 フレームに合わせて切ったソレイアード布を配置し、その上からレジンを流し入れ、硬化させる。ソレイアード布はレジンの染みこみを防ぐために、透明なビニールテープなどに貼りあわせておく。
3 フレームいっぱいまでレジンを流し入れ、パーツ類を配置し、硬化させる。
4 フレームのカン部分にリボンを通し、結ぶ。

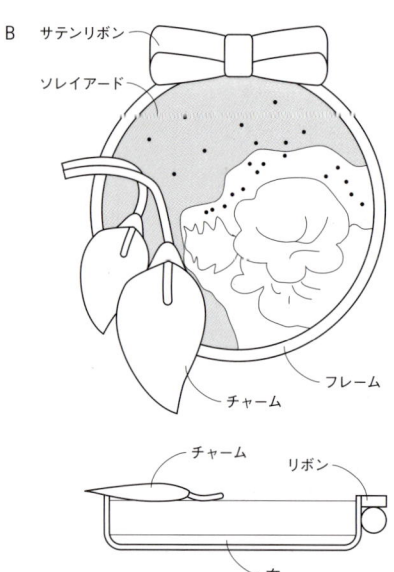

09
コラージュネックレス

P.16,17

♦ 材料 ♦
A・B・C共通
スーパーアイスレジン
丸カン（0.8×5mm・シルバー／S・0124438）……A 34個、B 26個、C 24個
丸カン（0.7×4mm・シルバー／S・105063）……A 16個、B 11個、C 10個
引輪（6mm・シルバー／S・0105020）……各1個
アジャスター（60mm・シルバー／S・0124543）……各1個

A
ブラウニーブラウニーコラージュペーパー（A・fa-001）……1枚
ブラウニーブラウニーコラージュペーパー（A・fa-002）……1枚
ブラウニーブラウニーコラージュペーパー（A・fa-003）……1枚
ブラウニーブラウニーコラージュペーパー（A・fa-004）……1枚

B
コラージュラッピングペーパー
アンティークシリーズ（A・ppr-130）……1枚

C
ブラウニーブラウニーコラージュペーパー
ブラウニーコレクション（A・bc-001）……2枚

♦ 作り方 ♦ A・B・C共通（→P.43）
1 主液と硬化液を混ぜ、レジンを作る。
2 コラージュペーパーを好きなかたちに切り取る。
3 コラージュペーパーにレジンをつまようじなどで塗り、硬化させる。
4 2の端に穴を開け、丸カンでつなぐ。
5 図を参考にして引輪、アジャスターをつける。

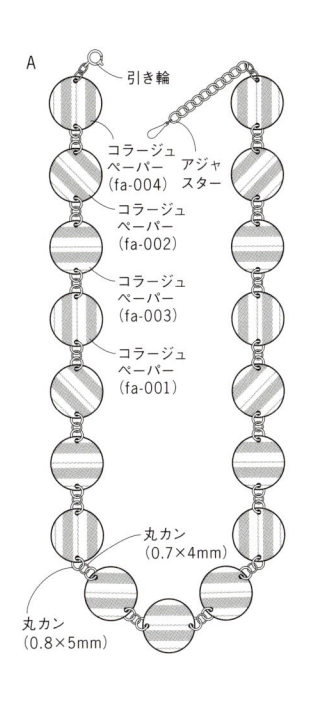

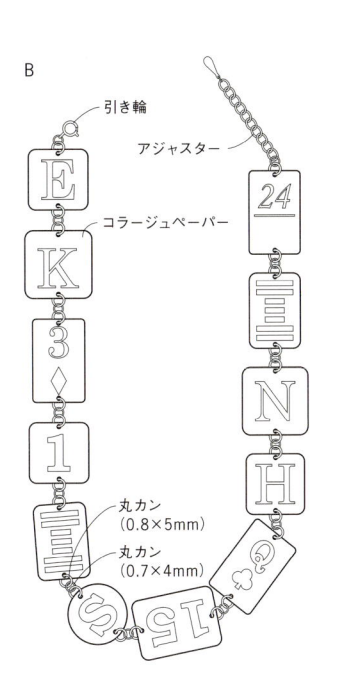

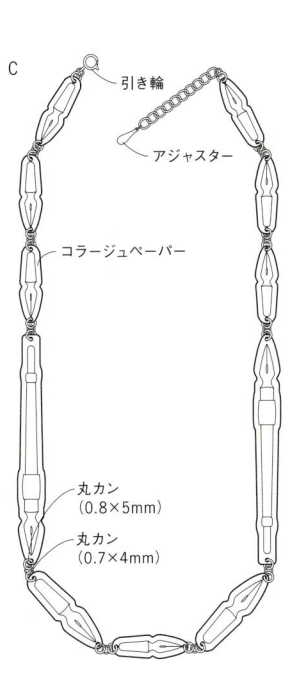

10
ヘアゴム

P.18

材料

A・B・C共通
UVクラフトレジン
ヘアゴム …… 各1個
輪ゴム …… 各1個

A
フェルト（白／S・530160）
マスキングテープ（15mm幅）

B
フェルト（白／S・530160）
マスキングテープ（15mm幅）

C
フェルト（黄／S・530123）
マスキングテープ（15mm幅）

作り方 A・B・C共通 (→P.42)

1. フェルトを13×3cmに切る。
2. フェルトにマスキングテープを貼りつける。マスキングテープの両端はフェルトの裏側に折り込んでおく。
3. マスキングテープの表部分にレジンを塗り、硬化させる。裏部分にもレジンを塗り、硬化させる。
4. リボンの形になるように両端を折り込み、真ん中を輪ゴムでしばり、形を整える。
5. フェルトを7×1.5cmに切り、マスキングテープを貼る。
6. **5**にレジンを塗り、硬化させる。
7. **4**にヘアゴムを沿わせながら**6**を巻きつけ、接着剤で貼りあわせる。

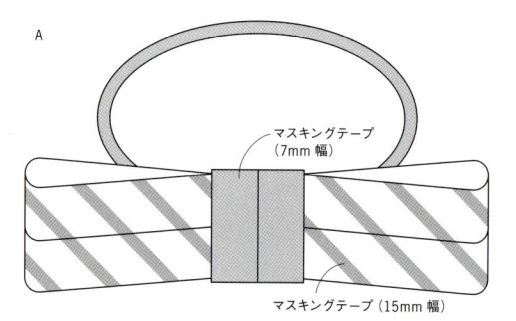

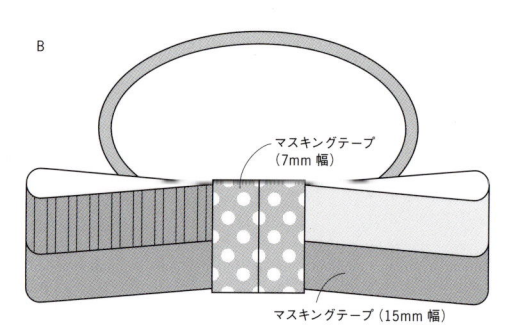

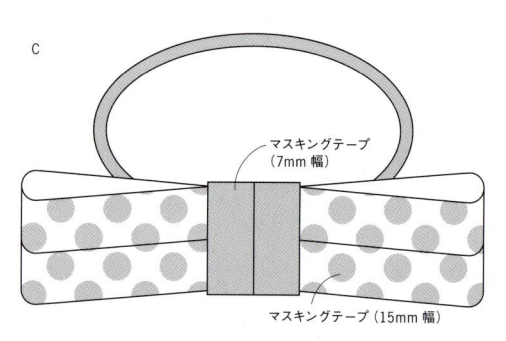

A

マスキングテープ（7mm幅）
マスキングテープ（15mm幅）

B

マスキングテープ（7mm幅）
マスキングテープ（15mm幅）

C

マスキングテープ（7mm幅）
マスキングテープ（15mm幅）

11
コラージュブックマーカー

P.19

▷ 材料 ◁
A・B・C共通
スーパーアイスレジン
ブラウニーブラウニーコラージュペーパー
ブラウニーコレクション（A・bc-001）……1枚
サテンリボン（6mm・ブラック）……各13cm

▷ 作り方 ◁ **A・B共通**（→P.43）
1 主液と硬化液を混ぜ、レジンを作る。
2 コラージュペーパーをカットする。
3 2にレジンをつまようじなどで塗り、硬化させる。
4 3の端に穴を開け、サテンリボンを通して、結ぶ。
5 サテンリボンの先をななめにカットする。

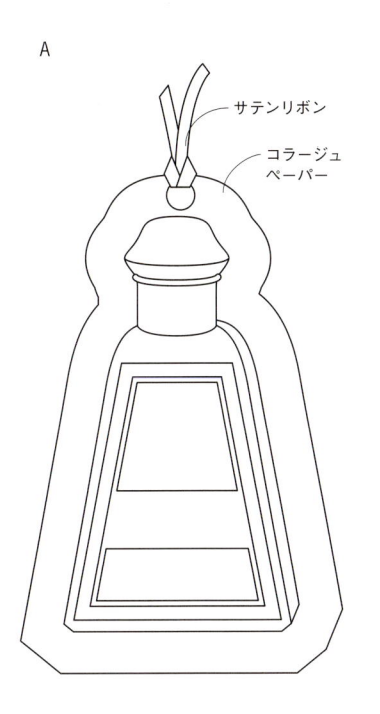

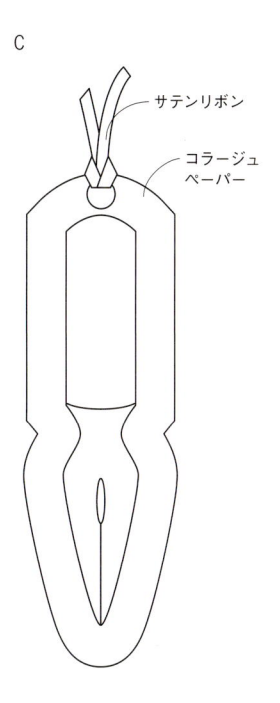

A　サテンリボン／コラージュペーパー

B　サテンリボン／コラージュペーパー

C　サテンリボン／コラージュペーパー

12
貼るだけクリップ

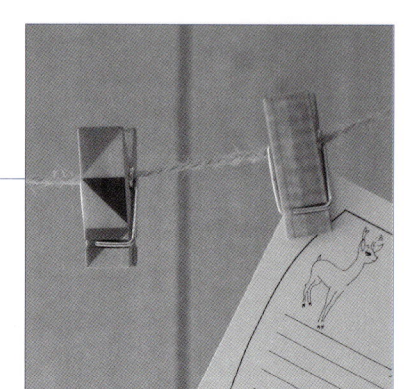

P.20, 21

◢ 材料 ◣

A・B・C共通
UVクラフトレジン
木製クリップ …… 各1個

A
ブラウニーブラウニーコラージュペーパー（A・bc-004）…… 1枚

B
ブラウニーブラウニーコラージュペーパー（A・fa-005）…… 1枚

C
柄つき折り紙 …… 1枚

◢ 作り方 ◣ **A・B・C共通**（→P.42）

1 木製クリップの金具を一度外す。
2 木製クリップの大きさに合わせて、**A・B**はコラージュペーパー、**C**は柄つき折り紙をカットする。
3 のりで木製クリップに**2**を貼りつける。
4 **3**にレジンを塗り、硬化させる。
5 金具を木製クリップにはめる。

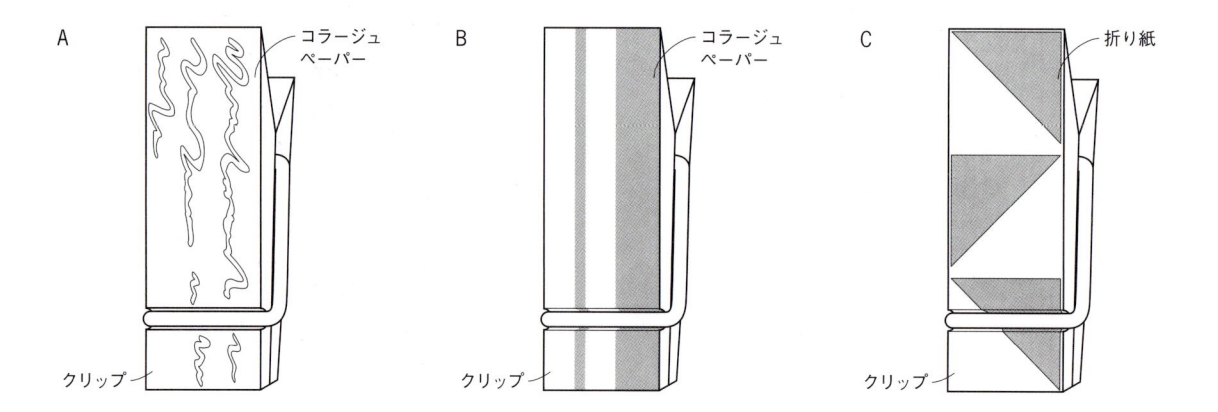

A　コラージュペーパー／クリップ

B　コラージュペーパー／クリップ

C　折り紙／クリップ

13
折り紙ストラップ

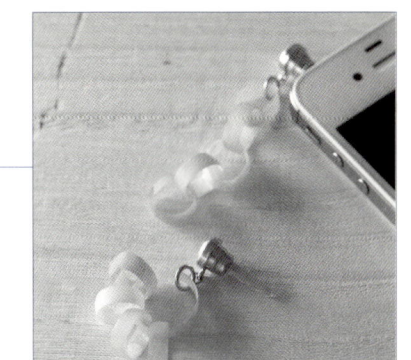

P.22

《 材料 》

A・B共通

UVソフトレジン
折り紙（5色）……各色 長さ0.5×3cm
丸カン（1.2×7mm・シルバー）……各1個
丸カン（0.7×4mm・シルバー／S・105063）……各1個
クラフトバッファー（E・RS-97）……1個

A
スマートフォンピアス（石付きシルバー×クリア／E・RSP-255）……1個

B
スマートフォンピアス（シルバー×クリア／E・RSP-259）……1個
チャトン（E・RS-124）……1個

《 作り方 》 **A・B共通**（→P.44）

1 5色の折り紙を0.5×3cmにカットする。（**B**作品の大きな輪のみ厚さ0.5×4cmにカットする。）
2 のりしろ（5mm）にのりを塗り、輪をつくる。
3 レジンを折り紙の表面に塗り、硬化させる。
4 硬化したら内側にもレジンを塗り、硬化させる。
5 輪をつなぎながら、**2〜3**の工程をくりかえす。
6 全てつなぎ終わったら、クラフトバッファーで表面をけずりマット感を出す。
7 図を参考に丸カン、チャトンをつなぐ。

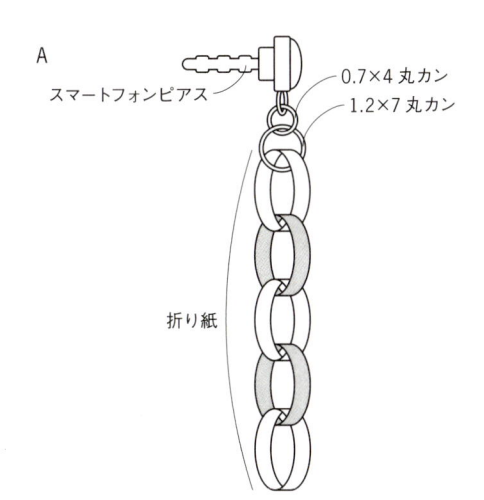

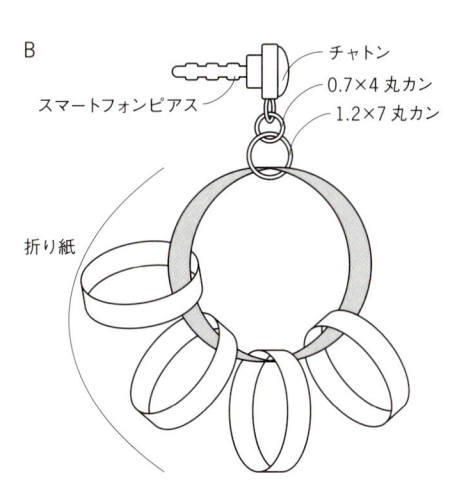

A
スマートフォンピアス
0.7×4 丸カン
1.2×7 丸カン
折り紙

B
スマートフォンピアス
チャトン
0.7×4 丸カン
1.2×7 丸カン
折り紙

14
パステルスマホケース

P.23

材料

A・B・C共通
UVクラフトレジン

A
マスキングテープ（7mm幅／S・528296）
チャーム（プチハート／K・RCH-12G）
チェーン（50cm・ゴールド／S・128672）
メタルビーズ（3×3mm・ゴールド／S・104164）……2個
スマートフォンケース（白）……1個

B
マスキングテープ（7mm幅／S・528296）
メタルビーズ（3×3mm・ゴールド／S・104164）……3個
チャーム（プチスター／K・RCH-13G）
チェーン（50cm・ゴールド／S・128672）
ミニパーツセット
（樹脂パーツ丸／E・SCB-95ホワイト）……1個
ミニパーツセット
（樹脂パーツ星／E・SCB-101ブラック）……1個
スマートフォンケース（白）……1個

C
フェルト（黄／S・530123）……1枚
フェルト（青／S・531137）……1枚
フェルト（緑／S・530154）……1枚
フェルト（紫／S・530148）……1枚
フェルト（ピンク／S・530111）……1枚
メタルビーズ（3×3mm・ゴールド／S・104164）……7個
スマートフォンケース（黒）……1個

作り方　A・B

1 マスキングテープをお好みの長さ・幅で切り、スマートフォンケースに貼り付ける。
2 スマートフォンケースにつまようじなどでレジンを塗り、硬化させる。
3 再度、スマートフォンケースにレジンを塗り、お好みの長さにカットしたチェーン、チャームを配置して硬化させる。

作り方　C

1 フェルトを1.2×1.2cmで△に切っておく。
2 スマートフォンケースにつまようじなどでレジンを塗る。
3 切ったフェルトとメタルビーズを配置し、硬化させる。

A　マスキングテープ（7mm 幅）

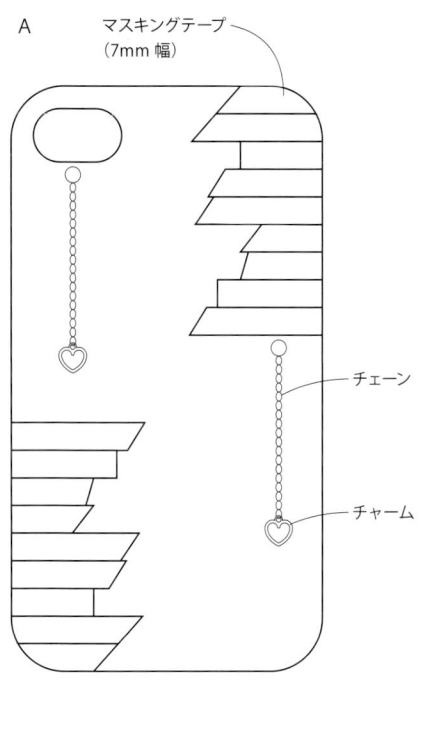

チェーン

チャーム

B　マスキングテープ（7mm 幅）

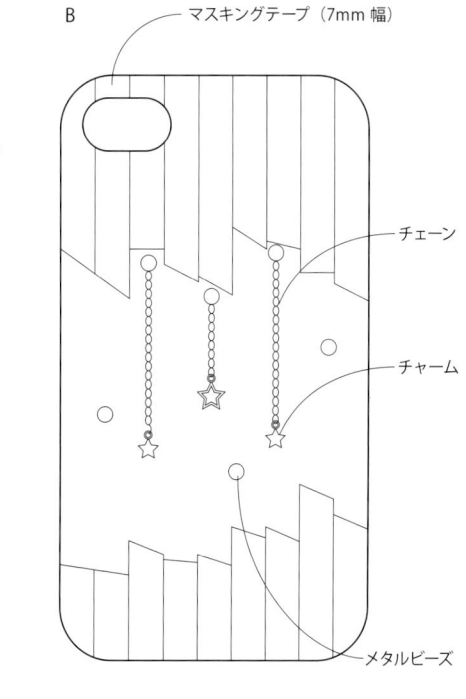

チェーン

チャーム

メタルビーズ

C

メタルビーズ

フェルト

15
リボン型バッジ

P.24,25

◊ 材料 ◊
A・B・C共通
UVソフトレジン
柄つき折り紙 …… 各1枚
刺繍糸 …… 各約1m
造花ピン（2.5mm）…… 各1個

◊ 作り方 ◊ **A・B・C共通**（→P.44）
1 柄つき折り紙を3.5×5cmにカットする。
2 片面ずつレジンを塗り広げ、硬化させる。（両面ともに硬化させる。）
3 柄つき折り紙を上から山折り、谷折り、山折りに三等分して折る。
4 折り紙の裏側に造花ピンをそわせながら、折り紙本体と造花ピンを巻きつけるようにして刺繍糸で固定する。

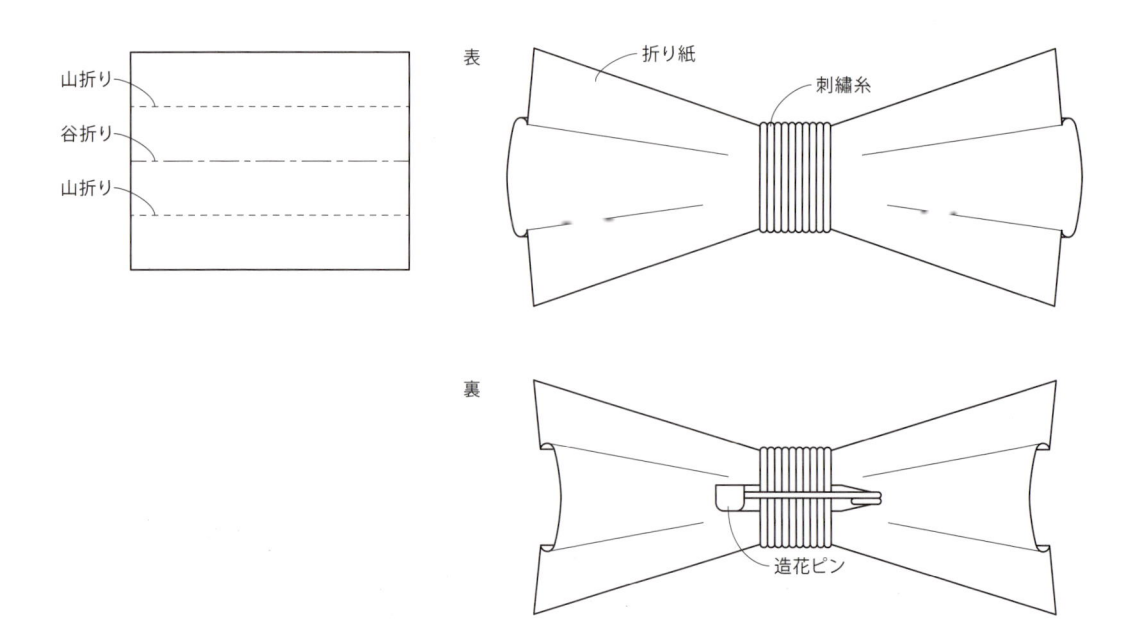

16
シールのリング

P.26,27

◦材料◦
A・B・C共通
UVソフトレジン
テープ状のシール

◦作り方◦ **A・B・C共通**（→P.44）

1 指のサイズに合わせてテープ状のシールをカットする。
　（のりしろ部分はプラス5mm。）
2 裏面のはくり紙を5mmはがしてのりしろ部分を作り、つなげて輪にする。
3 2に片面ずつレジンを塗り広げ、硬化させる。

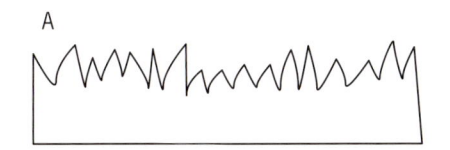

A

テープ状のシール

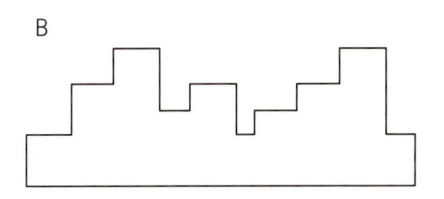

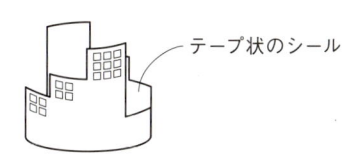

B

テープ状のシール

C

テープ状のシール

17
ドライフラワーのコサージュ

P.28,29

【材料】
A・B共通
UVクラフトレジン
フェルト(ピンク/S・530111)
クリップ付きブローチピン(40×28mm・ゴールド/S・124291)
サテンリボン(ストライプ) …… 50cm
A
ドライフラワー(ガーベラ) …… 1個
B
ドライフラワー(パンジー) …… 1個

【作り方】**A**(→P.42)
1 ドライフラワー(ガーベラ)にUVクラフトレジンを塗り硬化させる。この際、花びら1枚ずつ丁寧に塗る。
2 リボンを6カ所輪状にして、中央を縫いとめる。
3 硬化したドライフラワーとリボンを接着剤でとめる。
4 リボンの裏側にフェルトを接着剤でとめ、フェルトの裏側にブローチ金具をとめる。

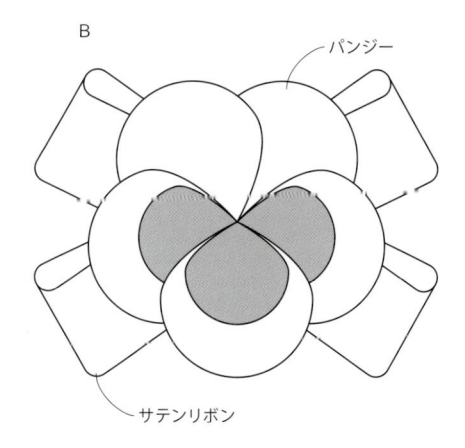

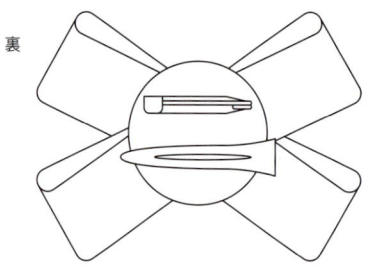

18
ワイヤーバッグチャーム

P.30

◆ 材料 ◆

A・B共通
UVクラフトレジン
アーティスティックワイヤー（直径2mm・シャンパンゴールド／S・408027）
金属パーツ（A・MNP-006G）……各1個
バッグチャームキーホルダー……各1個
丸カン（1×6mm・ゴールド）

A
カラーリングパウダー（蛍光ブルー／E・RS-41）
カラーリングパウダー（蛍光イエロー／E・RS-37）
カラーリングパウダー（蛍光サーモンピンク／E・RS-36）
グリッターラメ（シルバー／E・RS-55）

B
カラーリングパウダー（蛍光ホワイト／E・RS-32）
カラーリングパウダー（蛍光ショッキングピンク／E・RS-33）
グリッターラメ（アクアブルー／E・RS-48）
グリッターラメ（アンティークゴールド／E・RS-54）

◆ 作り方 ◆ A・B共通（→P.42,46）

1 ワイヤーをマジックなどに巻きつけ、丸の形を作る。
2 ワイヤーの角を押さえるようにして三角の形を作る。
3 レジンにそれぞれ着色剤を入れ、混ぜる。
4 マスキングテープの上にワイヤーを置き、そこにレジンを流し入れて硬化させる。
5 ワイヤーの裏側にもレジンを塗り、硬化させる。
6 リボン型になるように瞬間接着剤でワイヤー同士を貼りつける。
7 図を参考に丸カン、チェーンをつなぐ。

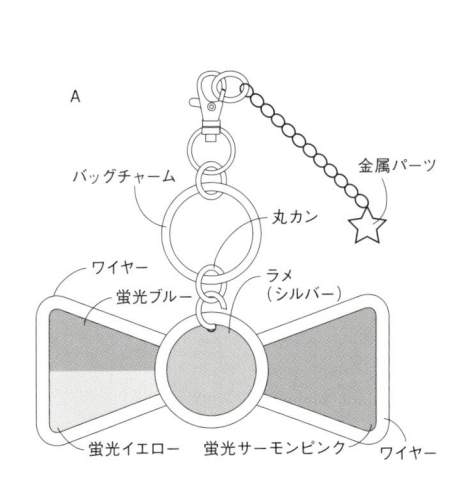

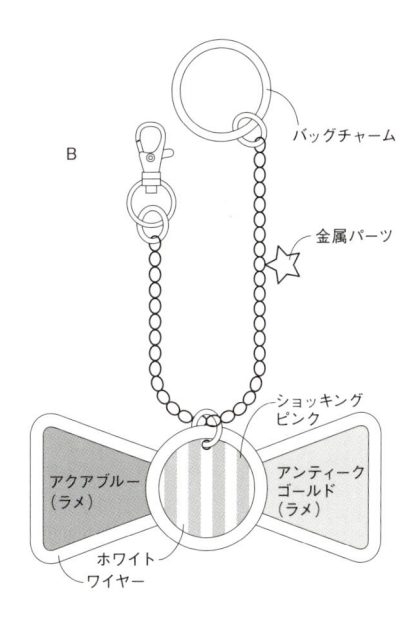

19

○△□のキーホルダー

P.31

材料

A・B・C共通

UVクラフトレジン
アーティスティックワイヤー(直径2mm・シャンパンゴールド／S・408027)
小判型チェーン(40cm・ゴールド／S・128666)……各1本
キーホルダーラケット(ゴールド／S・283181)……各1個
バチカン(6.5mm・ゴールド／S・105001)……各1個
丸カン(1.5×8mm／ゴールド)……各1個

A

カラーリングパウダー(蛍光タイプ・ネーブルオレンジ／E・RS-39)
カラーリングパウダー(蛍光タイプ・ブルー／E・RS-41)
カラーリングパウダー(蛍光タイプ・イエロー／E・RS-37)

B

カラーリングパウダー(蛍光タイプ・ブルー／E・RS-41)
カラーリングパウダー(蛍光タイプ・ディープピンク／E・RS-35)
カラーリングパウダー(蛍光タイプ・リーフグリーン／E・RS-43)

C

カラーリングパウダー(蛍光タイプ・リーフグリーン／E・RS-43)
カラーリングパウダー(蛍光タイプ・サーモンピンク／E・RS-36)
カラーリングパウダー(蛍光タイプ・イエロー／E・RS-37)

作り方　A・B・C共通(→P.42)

1. ワイヤーで丸、三角、四角の形を作る。
2. 丸と四角のワイヤーのつなぎ目の部分に、5.5cmにカットしたチェーンの先端をかませる。
3. レジンにそれぞれの着色剤を入れ、色を作る。(→P.46)
4. マスキングテープの上にワイヤーを置き、そこにレジンを流し入れて硬化させる。
5. 丸、三角、四角を瞬間接着剤で貼り合わせる。
6. 図を参考にして、丸カン、バチカン、キーホルダーをつなぐ。

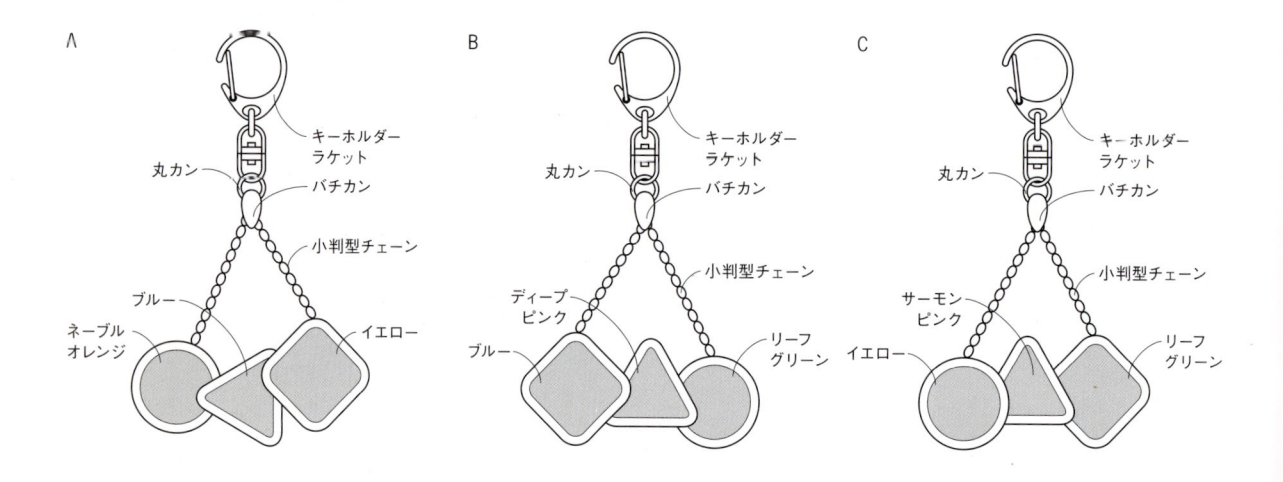

A
- 丸カン
- キーホルダーラケット
- バチカン
- 小判型チェーン
- ブルー
- ネーブルオレンジ
- イエロー

B
- 丸カン
- キーホルダーラケット
- バチカン
- 小判型チェーン
- ディープピンク
- ブルー
- リーフグリーン

C
- 丸カン
- キーホルダーラケット
- バチカン
- 小判型チェーン
- サーモンピンク
- イエロー
- リーフグリーン

20
いろいろマグネット

P.32

◊ 材料 ◊

A・B・C共通
スーパーアイスレジン
シリコンモールド（E・RSSA-6）
マグネット（直径1.2cm）…… 各1個

A
カラーリングパウダー（レモンイエロー／E・RS-16）
カラーリングパウダー（ローズ／E・RS-13）
カラーリングパウダー（ブルー／E・RS-18）

B
カラーリングパウダー（ホワイト／E・RS-10）
刺繍糸（青・緑・赤・黄色）…… 適量

C
カラーリングパウダー（ホワイト／E・RS-10）
スパンコール …… 適量

◊ 作り方 ◊ **A**（→P.43,47）

1 主液と硬化液を混ぜ、レジンを作る。
2 シリコンモールドに半分ほどレジンを流し入れ、硬化させる。
3 カラーリングパウダー（レモンイエロー・ローズ・ブルー）をレジンに混ぜ、筆などで1に模様をつける。
4 3の模様の上から色付けしていないレジンを流し入れ、硬化させる。
5 マグネットを接着剤でつける。

◊ 作り方 ◊ **B・C共通**（→P.43,46）

1 主液と硬化液を混ぜ、レジンを作る。
2 シリコンモールドに半分ほどレジンを流し入れ、硬化させる。
3 Bは刺繍糸、Cはスパンコールをランダムにならべる。
4 3にカラーリングパウダー（ホワイト）で色付けしたレジンを流し入れる。
5 4に色付けしていないレジンを流し入れ、硬化させる。
6 マグネットを接着剤でつける。

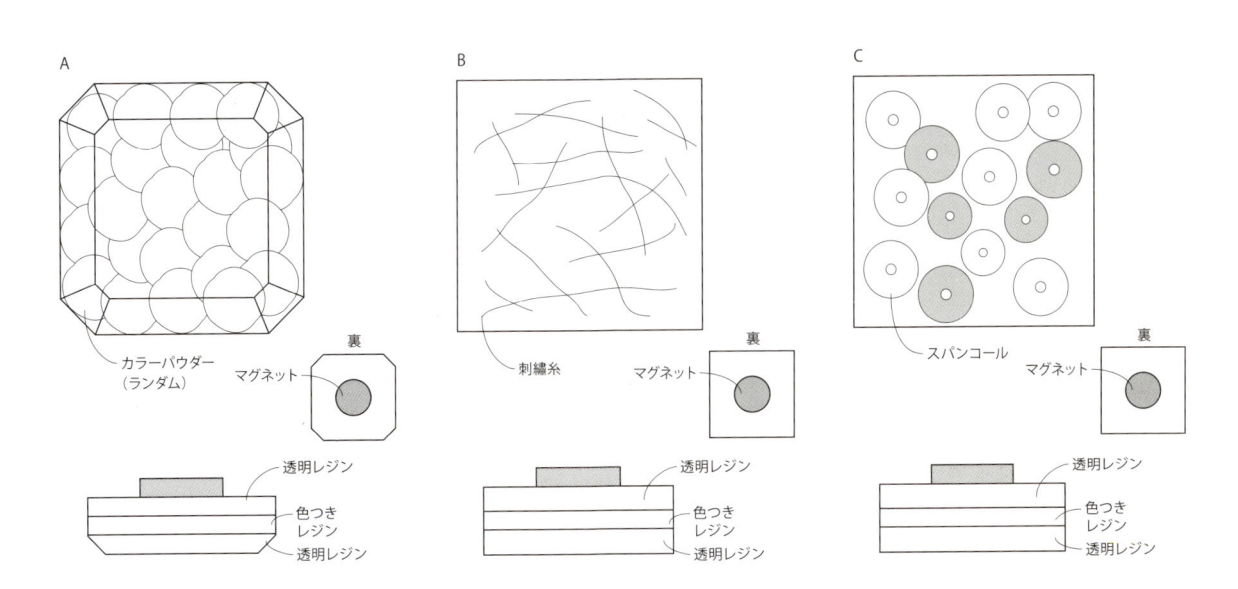

21
スパンコールネックレス

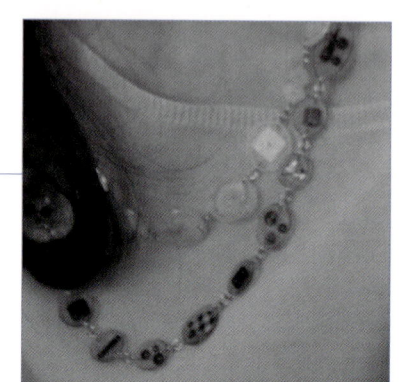

P.33

◆材料◆

A・B共通
UVクラフトレジン
丸カン（0.8×5mm・シルバー／S・0124438）…… A42個、B66個
丸カン（0.7×4mm・シルバー／S・105063）…… A21個、B32個
引輪（6mm・シルバー／S・105020）…… 各1個
アジャスター（60mm・シルバー／S・105049）…… 各1個
スパンコール …… 適量
ワックスペーパー

A
グリッターラメ（ホワイト／E・RS-44）

B
グリッターラメ（ブルー／E・RS-49）

◆作り方◆ **A・B共通**（→P.42）

1 レジンにカラーリングパウダーを加え、混ぜる。
2 ワックスペーパーに1を好きな数だけ落とす。
3 2にスパンコールをお好みで配置し、硬化させる。
4 3の端に穴を開け、丸カンで繋ぐ。
5 図を参考にしてアジャスター、引輪をつける。

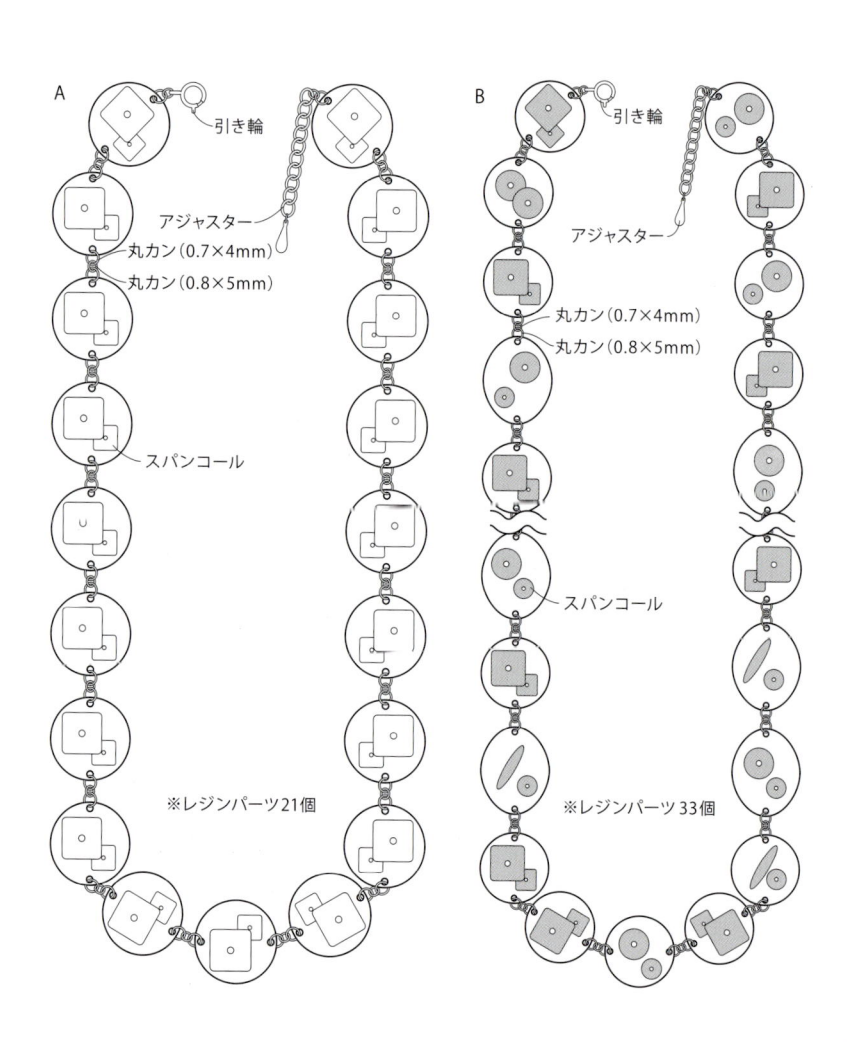

A
引き輪
アジャスター
丸カン（0.7×4mm）
丸カン（0.8×5mm）
スパンコール
※レジンパーツ21個

B
引き輪
アジャスター
丸カン（0.7×4mm）
丸カン（0.8×5mm）
スパンコール
※レジンパーツ33個

22
おぼろげブレスレット

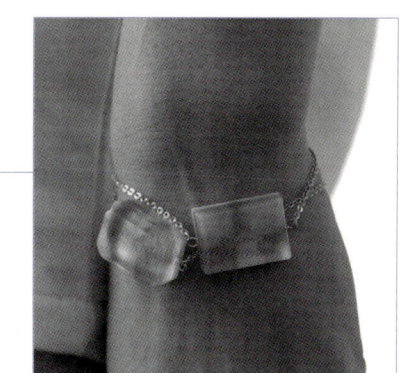

P.34

❧ 材料 ❧

A・B共通

スーパーアイスレジン
カラーリングパウダー(ブルー／E・RS-18)
カラーリングパウダー(レモンイエロー／E・RS-16)
カラーリングパウダー(ホワイト／E・RS-10)
シリコンモールド(E・RSSA-6)
Cカン(0.5×2×3mm) …… 各4個
引輪(6mm・シルバー／S・105020) …… 各1個
アジャスター(60mm・シルバー／S・105049) …… 各1個
Tピン(0.7×20mm・シルバー／S・105083) …… 各2個
チェーン …… 各6cm×2本

B

カラーリングパウダー(ローズ／E・R-S13) …… スプーン二杯くらい

❧ 作り方 ❧ **A・B共通** (→P.43,45,47)

1 主液と硬化液を混ぜ、レジンを作る。
2 シリコンモールドの8分目くらいまでレジンを流し入れ、硬化させる。
3 **A**はカラーリングパウダー(ブルー・レモンイエロー・ホワイト)、**B**はカラーリングパウダー(ブルー・レモンイエロー・ホワイト・ローズ)をそれぞれレジンに混ぜ、つまようじなどで**2**に模様をつける。
4 レジンをシリコンモールドいっぱいまで流し入れ、硬化させる。
5 ピンバイスなどで**4**の側面に穴を開ける。
6 Tピンの先を丸く曲げて、適度な長さに切る。
7 Tピンの先に接着剤をつけ、穴に入れる。
8 図を参考にしてCカン、チェーン、アジャスター、引輪をつける。

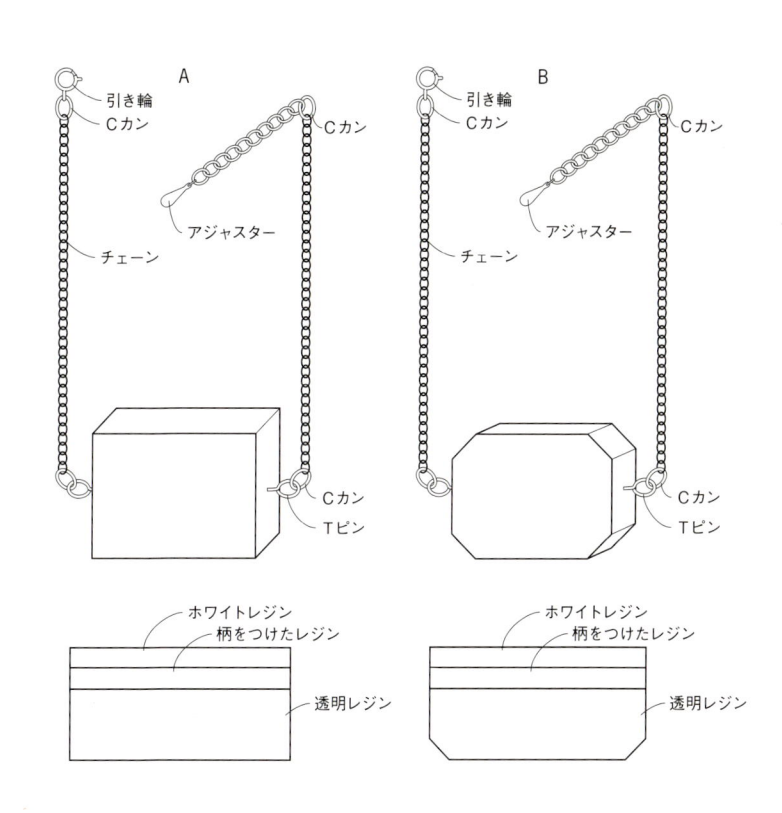

23
フリンジピアス

P.35

材料
A・B共通
UVクラフトレジン
フックピアス（12.5mm・シルバー／S・168344）…… 各1セット
丸カン（0.7×4mm・シルバー／S・105063）…… 各2個
デザイン丸カンツイスト（シルバー・6mm）…… 各2個
刺繍糸（3色）…… 各約80cm

A
カラーリングパウダー（ブルー／E・RS-49）

B
カラーリングパウダー（グリーン／E・RS-52）

作り方 A・B共通（→P.42,46）
1 刺繍糸80cmをそれぞれ3等分する。
2 3等分したものをみつあみにして結ぶ。余った部分はほどいてフリンジのようにする。
3 **A**はカラーリングパウダー（ブルー）、**B**はカラーリングパウダー（グリーン）をレジンに混ぜ、**2**の輪の部分に流し入れ、硬化させる。これを2回くりかえす。
4 図を参考にして丸カン、ピアスパーツをつける。

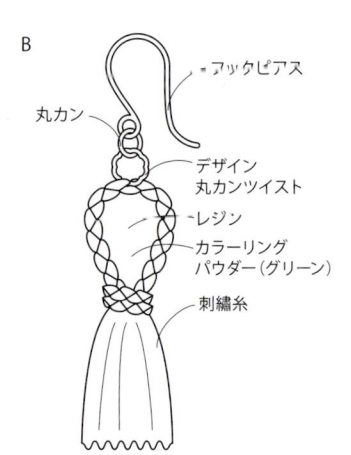

A
フックピアス
丸カン
デザイン丸カンツイスト
レジン
カラーリングパウダー（ブルー）
刺繍糸

B
フックピアス
丸カン
デザイン丸カンツイスト
レジン
カラーリングパウダー（グリーン）
刺繍糸

24
いろいろボタン

P.36

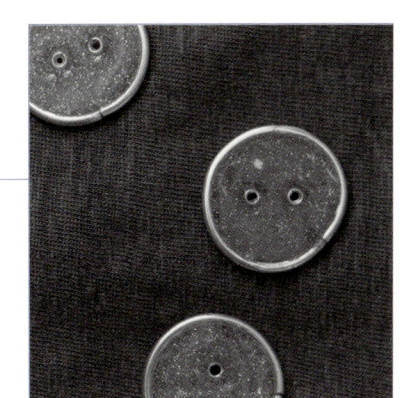

▷ 材料 ◁
全作品共通
UVクラフトレジン
アーティスティックワイヤー（直径2mm・シャンパンゴールド／S・408027）
丸カン（0.6mm・ゴールド）

A
グリッターラメ（ライトピンク／E・RS-45）
B
グリッターラメ（アクアブルー／E・RS-48）
C
グリッターラメ（ライトゴールド／E・RS-53）
D
グリッターラメ（グリーン／E・RS-52）
E
グリッターラメ（パープル／E・RS-50）

▷ 作り方 ◁ **全作品共通**（→P.42,46）
1 ワイヤーで丸の形を作る。
2 丸カンを2個重ねたものを、ワイヤーの中に置く。
3 レジンにそれぞれの着色剤を入れ、色を作る。
4 マスキングテープの上にワイヤーを置き、レジンを流し入れて硬化させる。
5 ワイヤーの裏の部分にもレジンを塗り、硬化させる。

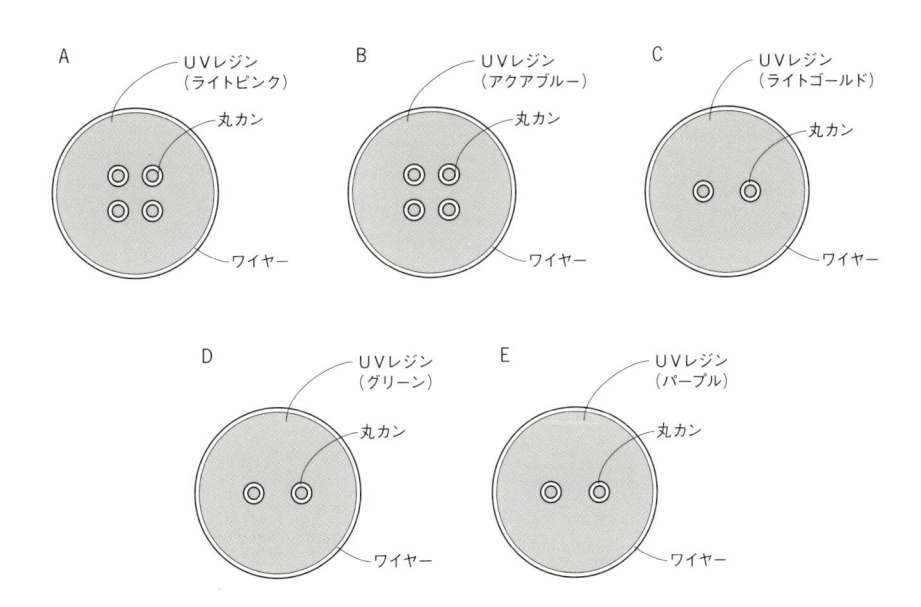

A — UVレジン（ライトピンク）／丸カン／ワイヤー
B — UVレジン（アクアブルー）／丸カン／ワイヤー
C — UVレジン（ライトゴールド）／丸カン／ワイヤー
D — UVレジン（グリーン）／丸カン／ワイヤー
E — UVレジン（パープル）／丸カン／ワイヤー

25
シルバーとゴールドのヘアピン

P.37

⌇材料⌇
A・B共通
UVクラフトレジン
アメリカンフラワーパーツ …… 適量
パールビーズ（2mm・白）…… 各1個

A
カラーリングパウダー（ホワイト／E・RS-10）
スパンコール（小・ゴールド）…… 2個
スパンコール（大・シルバー）…… 1個
ヘアピン（A・TAB-15Ag）…… 1個

B
カラーリングパウダー（ゴールド／E・RS-24）
スパンコール（小・半透明）…… 2個
スパンコール（大・シルバー）…… 1個
石シルバー …… 2個
ヘアピン（A・TAB-15Ag）…… 1個

⌇作り方⌇ **A・B共通**（→P.42）
1 ヘアピンの台にレジンを少量流し入れる。
2 **A**はカラーリングパウダー（ホワイト）、**B**はカラーリングパウダー（ゴールド）を**1**に入れ混ぜる。
3 アメリカンフラワーのパーツ根元を折り曲げてセットし、硬化させる。
4 さらにレジンを流し込み、スパンコール、パールなどのパーツ類をセットし、硬化させる。アメリカンフラワーのパーツがしっかり固定するように根元に多めにレジンを流し込む。

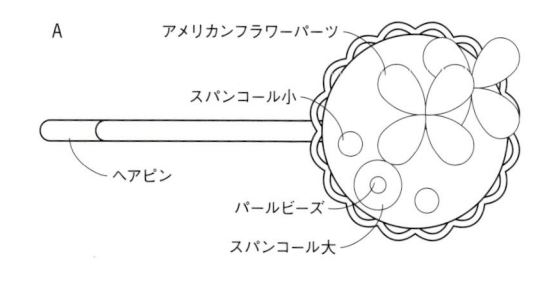

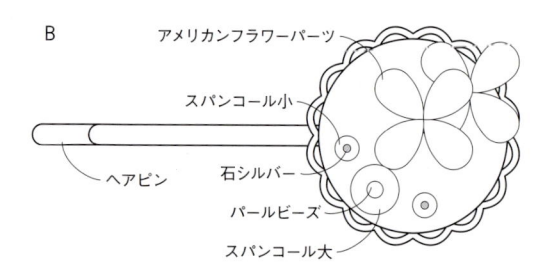

A
アメリカンフラワーパーツ
スパンコール小
ヘアピン
パールビーズ
スパンコール大

B
アメリカンフラワーパーツ
スパンコール小
ヘアピン
石シルバー
パールビーズ
スパンコール大

26
刺繡糸のリング

P.38

》 材料 》
A・B・C共通
UVクラフトレジン
カン付リング（18mm・シルバー／S・106569）…… 各1個
A
シリコンモールド（E・RSSA-6）
グリッターラメ（ホワイト／E・RS-44）
刺繡糸（青・ピンク・赤・黄緑・黄色）…… 適量
B
シリコンモールド（E・RSSA-2）
グリッターラメ（ブルー／E・RS-49）
刺繡糸（ゴールド）…… 適量
C
シリコンモールド（E・RSSA-6）
グリッターラメ（ライトピンク／E・RS-45）
刺繡糸（ピンク・水色・黄色・ライトピンク）…… 適量

》 作り方 》 **A・B・C共通**（→P.42）

1 シリコンモールドに2〜3mmほどレジンを流し入れ、硬化させる。
2 1にレジンを2〜3mm流し入れ、1〜2mmに切った刺繡糸を入れ、硬化させる。
3 2にレジンを2〜3mm流し入れ、**A**はカラーリングパウダー（ホワイト）、**B**はカラーリングパウダー（ブルー）、**C**はカラーリングパウダー（ライトピンク）をスプーン半分強入れて混ぜ、硬化させる。
4 3にシリコンモールドいっぱいまでレジンを流し入れる。
5 4の中央にカン付リングを差し込み、硬化させる。

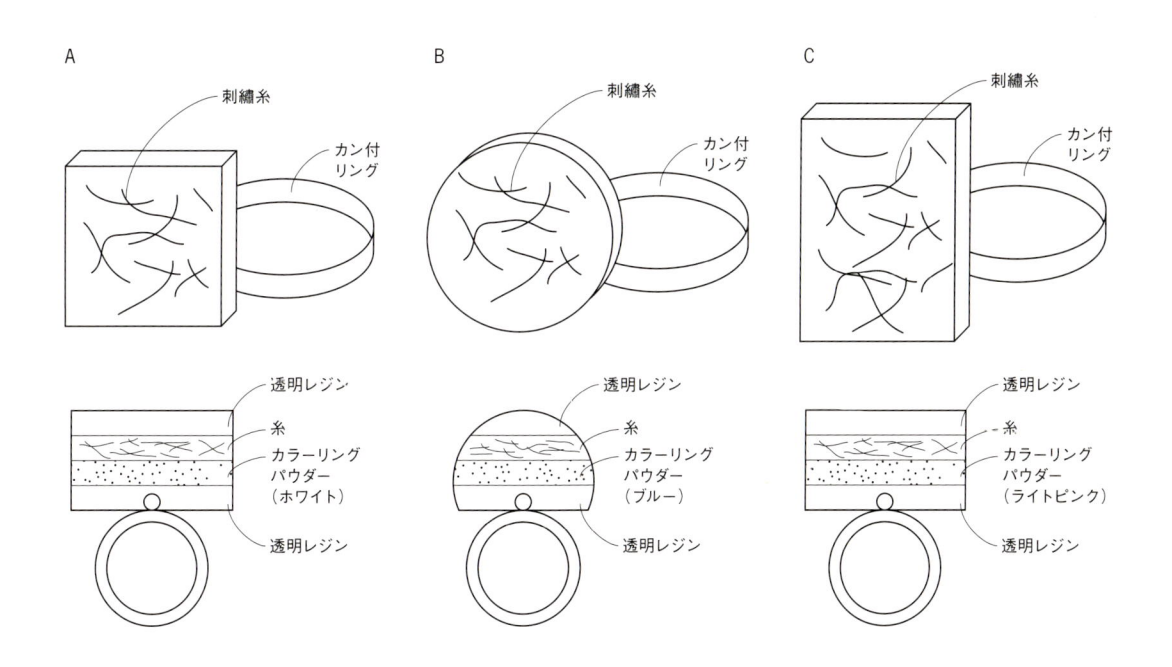

Resin Q&A

レジン制作途中に起こる
困ったトラブルや疑問を解決しましょう。

Q.
UV照射器を持ってない！
代わりに使えるものはある？

a.
太陽光でも
硬化させることができます。

UVクラフトレジン、UVソフトレジンは紫外線で硬化するので、太陽光でも固めることができます。必要時間はおよそ15～50分です。

Q.
紙や布以外に
閉じ込められるものはある？

a.
毛糸や刺繍糸、お菓子だって
閉じ込めることが可能です。

閉じ込めパーツとしてよく使用される紙や布以外でも、毛糸や刺繍糸、クッキーやキャンディーを閉じ込めることができます。

Q.
いつまでたっても
スーパーアイスレジンが
固まらない！どうすればいい？

a.
主液と硬化液の配分を確かめて、
もう一度作ってみて。

スーパーアイスレジンは主液と硬化液の量が正確でないと固まりません。硬化していないレジンにどちらかを追加しても固まることはありませんので、最初から作り直して下さい。

Q.
仕上がった作品に、
細かいチリやホコリが
入らないようにするには？

a.
使用前にホコリを取ったり、使用
後に紙コップを被せたりして予防

シリコンモールドを使用する場合は、使用前にテープでホコリを取っておいたり、スーパーアイスレジンの場合は硬化中に穴を開けた紙コップなどを被せるとよいでしょう。

材料提供協力

清原株式会社
HP
http://www.kiyohara.co.jp/
NET SHOP
http://www.j-fabric.com/fs/jfabric/c/
TEL
06-6252-4735

株式会社アンジュ
HP
http://www.ange-pro.co.jp/
TEL
03-5337-5791

藤久株式会社 (シュゲール)
※シュゲールは藤久株式会社の通信販売部門です。
HP
http://www.fujikyu-corp.co.jp/
NET SHOP
http://www.shugale.com/
TEL
0120-08-1000

エルベール株式会社
MAIL
info@eruberu.co.jp
TEL
072-620-0695

ABCクラフト
HP
http://www.abc-craft.co.jp/
NET SHOP
http://www.abc-craft.com/
TEL
06-6649-5151

ABCクラフトあべのキューズモール店
住所　大阪市阿倍野区阿倍野筋1-6-1
　　　キューズモールQ-301
TEL　06-6649-5151

ABCクラフト枚方店
住所　大阪府枚方市岡東町18-20
　　　枚方店3階〜5階
TEL　072-845-2410

本書に掲載されている情報は2013年2月現在のものです。掲載中の材料・製品でも、メーカーの都合等により、突然販売中止となり、お取り寄せできず売り切れとさせていただく場合がございます。ご了承下さい。

作品制作

kincot（キノット）

アクセサリー作家。
文化服装学院卒業。学生時代から手作りでアクセサリーを制作。現在はドラマ、雑誌の撮影などに作品を提供。また、各地の手作り市やイベント等に出展、都内のショップを中心に作品を販売中。

作品番号　01,02,03,06,09,11,12,13,15,16,
　　　　　20,21,22,23,25,26

森みさ

アクセサリー作家。
幼少時代から手芸に親しむ。2011年9月には「m.i*n.i*」のHPをオープン。手作りのドライフラワーを素材にしたレジンアクセサリーを中心に制作。また、手作り市などハンドメイドイベントに参加するなどして活動中。HPで作品を購入することもできる。
http://mi-ni.biz/

作品番号　04,05,07,08,10,14,17,18,19,24

Staff
撮影　　　市瀬真以（モデル・静物）
　　　　　奥村暢欣（プロセス）
　　　　　（以上スタジオダンク）
デザイン　平間杏子（スタジオダンク）
スタイリング　露木 藍（スタジオダンク）
ヘアメイク　鎌田真理子
モデル　　須藤悠月（awesome）
製図　　　原山 恵
編集　　　五ノ井一平（フィグインク）
　　　　　平井典枝（文化出版局）

衣裳協力
Studio Sympathique
東京都渋谷区神宮前5-12-1 マハール表参道202
03-3499-5054
P7 ストール／P11 ワンピース／P16 ワンピース／P17 Tシャツ／P31 シャツワンピース／P33 ニット

HABERDASHERY 表参道店
東京都渋谷区神宮前5-12-1 マハール表参道102
03-5774-1760
P28 ワンピース

HABERDASHERY 丸の内店
東京都千代田区丸の内1-5-1 新丸の内ビルディング2F
03-3211-1512
P12 Tシャツ／P20 Tシャツ／P36 カットソー

flower原宿店
東京都渋谷区神宮前4-26-30
03-5414-3626
表紙 シャツ／P6 ワンピース／P8 ニット、付け衿／P9 ニット／P11 バッグ／P20 ジャケット／P24 シャツ、スカート／P26 シャツ／P34 パンツ、スニーカー／P35 ニット

レジンで作る
わたしだけのアクセサリー

文化出版局編

2013年3月24日　第1刷発行

発行者　　　大沼 淳
発行所　　　学校法人文化学園 文化出版局
　　　　　　〒151-8524
　　　　　　東京都渋谷区代々木 3-22-7
　　　　　　☎03-3299-2487（編集）
　　　　　　☎03-3299-2540（営業）
印刷・製本所　株式会社文化カラー印刷

© 学校法人文化学園 文化出版局 2013　Printed in Japan
本書の写真、カット及び内容の無断転載を禁じます。

・本書のコピー、スキャン、デジタル化等の無断複製は著作権法上での例外を除き、禁じられています。本書を代行業者等の第三者に依頼してスキャンやデジタル化することは、たとえ個人や家庭内での利用でも著作権法違反となります。
・本書で紹介した作品の全部または一部を商品化、複製頒布、及びコンクールなどの応募作品として出品することは禁じられています。
・撮影状況や印刷により、作品の色は実物と多少異なる場合があります。

文化出版局のホームページ
http://books.bunka.ac.jp/

書籍編集部情報や作品投稿などのコミュニティサイト
http://fashionjp.net/community/